Una antropología alterada por la alteridad

Entrevistas a Philippe Descola

PALABRA REVERSA

Una antropología alterada por la alteridad

Entrevistas a Philippe Descola

Editadas por Florencia Tola

*Con la colaboración en la edición
de Antonela dos Santos*

Dirección Colección

Florencia Tola
Antropóloga, Investigadora Independiente del CONICET

Dirección Editorial

Pablo José Rey
Asociación Civil Rumbo Sur
www.rumbosur.org
rumbosurong@gmail.com

Comité editorial

Alfonso Otaegui
(Pontificia Universidad Católica de Chile)
Antonela dos Santos
CONICET - Universidad de Buenos Aires

Avales institucionales

Centre National de la Recherche Scientifique (CNRS) / Laboratoire LESC-EREA
Consejo Nacional de Investigaciones Científicas y Técnicas (CONICET)
International Work Group for Indigenous Affairs (IWGIA)

Diseño de colección

Pablo José Rey

Contacto

ethnographicacoleccion@gmail.com
www.rumbosur.org/ethnographica

Tola, Florencia
    Una antropología alterada por la alteridad : entrevistas a Philippe
Descola / Florencia Tola. - 1a ed . - Ciudad Autónoma de Buenos
Aires : Asociación Civil Rumbo Sur, 2018.
    112 p. ; 21 x 15 cm. - (Ethnographica / Tola, Florencia; . Palabra
reversa ; 7)

    ISBN 978-987-4474-15-5

    1. Antropología. 2. Etnografía. 3. Pueblos Originarios. I. Título.
CDD 305.8

PALABRA REVERSA

ETHNOGRAPHICA

Índice

Prólogo

La (re)composición del mundo
Guillaume Boccara[1]

A principios de los años 2000, mientras realizaba un trabajo de campo en una comunidad mapuche de la novena región de Chile, un jefe ritual (*lonko nguillatufe*) de la zona de Makewe-Pelale me manifestó su preocupación por los gemidos que había escuchado durante la madrugada no muy lejos de su casa. Se trataba de unas quejas escalofriantes que provenían de un espacio donde solían residir los dueños del agua (*ngenko*). Al día siguiente, el lonko nguillatufe constató con profunda de-

1 Director del Centro Franco Argentino de Altos Estudios / CNRS

sazón que las fuentes de agua del lugar y, en particular, el crucial ojo de agua se habían secado (*angkui*)… El toro —dueño del ojo de agua— había abandonado el lugar dejando tras de él un paisaje desolado y seco.

Pocos años antes, a fines de los 1990, mientras colaboraba, en conjunto con las autoridades autóctonas, en la elaboración de un programa de salud autónoma en el hospital Mapuche de Makewe-Pelale, a unos 20 kilómetros de la capital de la novena región (Temuco), el caso de una joven embarazada cuyo feto había sido afectado por el último aliento de un *Godzilla* ejecutado por la brigada especial de agentes secretos franceses en la película epónima, llamó nuestra atención. El animal monstruoso que, según la estructuración del espacio-tiempo mapuche hubiera tenido que pertenecer al espacio no-domesticado, radicaba desde ahora en el corazón del espacio doméstico. La televisión, que funcionaba con una batería recargada en la pequeña tienda de comestibles (una suerte de pulpería) ubicada en la periferia de la comunidad, había penetrado en el hogar… Y con ella algunos no-humanos, potentes, peligrosos, difícilmente controlables. El monte (*mawida*), hábitat de los *ngen* y otros dueños de los elementos, había entrado en la cotidianeidad doméstica de la *ruka*. Las relaciones de respeto y rodeadas de un protocolo estricto con estos entes que cuidaban los espacios no domesticados se encontraban alteradas. Sólo los chamanes (*machis*) eran competentes y se hallaban lo suficientemente armados simbólica y materialmente para domar, ingerir y digerir los poderes (*newen*) incorporados a estas entidades no-humanas para transformarlos en remedios (*lawen*).

El caso de un joven adulto que experimentó una visión (*perimontun*) por televisión se nos presentó mientras atendíamos a los pacientes/enfermos mapuche en el hospital de Makewe. Esta situación corroboraba el hecho de que las transformaciones aceleradas de lo que llamamos "naturaleza" impactaban directamente no sólo en el ciclo vital de las personas de las comunidades mapuche, en su buena vida (*küme mongnen*) y en las enfermedades (*kutran*), sino también en la nosología autóctona. Las modificaciones del ecosistema, la degradación del *itrofilmongnen* —que podríamos traducir de manera aproximativa por "medio ambiente"— tendían a reestructurar el espacio, sembrando el temor y la incertidumbre entre los humanos arraigados en el *mapu* (tierra o territorio). Si bien los Mapuche del lugar seguían leyendo la realidad material con base en una clara distinción ideal entre humanos y no-humanos, entre espacios domesticados y espacios no-domesticados (*mawida* o monte, *mallin* o zonas bajas y húmedas, *pütrantu* o totorales/vega), algo estaba transformándose en la configuración espacial general y en los flujos e intercambios de energías.

El proceso de socialización de la "naturaleza" y la conceptualización de la misma seguía operando pero, de ahora en más, la máquina simbólica autóctona parecía embalarse. Por cierto, los miembros de las comunidades mapuche parecían mantener el control sobre su conceptualización del *itrofilmongnen*. Sin embargo, la violencia brusca y brutal generada por la penetración de las grandes plantaciones de pinos y eucaliptus y de la mono-cultura parecía hacer perder el control local sobre el entorno material.

No era la primera vez en su historia que los Mapuche tenían que enfrentar las embestidas de los *wingka* (no-mapuche). Más de una vez habían logrado resistir, adaptarse, reinventarse. En esta oportunidad también se mostraban determinados a enfrentar, en los ámbitos de lo real y de lo ideal, a través de la movilizaciones políticas (*trawün, kollagtun*), la resistencia física (*weichan*) y los sueños (*peuma*), los peligros que los acechaban.

Pero una suerte de desilusión atravesaba las mentes de los miembros de la comunidad en un contexto marcado por la expansión arrasadora de las fronteras del capitalismo agroexportador. Hacía falta, una vez más, reordenar las relaciones con el exterior. Un exterior que, de ahora en más, iba a introducir profundas perturbaciones en el mismísimo corazón de la sociedad, en la producción y reproducción del *socius*. En este espacio de refugio que constituía, desde la derrota militar de fines del siglo XIX y la radicación en estrechas reservas a principios del siglo XX, la *ruka*, la casa, el hogar, la comunidad…

Si traigo a colación estas breves notas de trabajo de campo es porque la antropología de la naturaleza desarrollada por el profesor Philippe Descola no sólo nos permite repensar los estilos de relación con la naturaleza y la alteridad. Nos conduce también a pensar estas relaciones en términos fundamentalmente políticos. Reintroduce lo político en el seno de nuestra disciplina. Ahora bien, esta repolitización de la perspectiva no se realiza de manera etnocéntrica, imponiendo categorías y modalidades del accionar político que remiten a ontologías ajenas a las de los colectivos sociales descriptos y estudiados. Busca más bien dar cuenta de la pluralidad de las maneras de enfrentarse y de convivir con la alteridad en el sentido arendtiano de la definición de 'lo político'. Una operación que implica concebir a los no-humanos en tanto sujetos políticos dotados de agentividad. Si los distintos enfoques antropológicos anteriores tendieron a excluir a los no-humanos de la *polis*, la aproximación en términos de Ontologías tiende a repolitizar a las sociedades con las que trabajamos.

Ahora bien, esta operación de descolonización del pensamiento surge en un momento en que los no-humanos parecen huir de la *polis*. Una suerte de apoteosis de los no-humanos (inversión del apoteosis del

Capitán Cook) que dan, quizás, una última muestra de su capacidad de actuar, abandonando el terreno de la interacción o dejando de combinar intercambio, predación y reciprocidad para devorar a los humanos desprotegidos, en sus hogares. Una suerte de exo-canibalismo unilateral que los propios machis intentan contrarrestar captando energías por doquier, reinventando el vivir juntos al retomar el *leardership* que habían perdido en ocasión de la derrota militar y de la reducción.

La invitación que nos hace Philippe Descola a concebir de otra manera la dimensión colectiva de la existencia humana —integrando a los no-humanos—ocurre en un momento crítico de la historia de los pueblos autóctonos de América latina y del mundo. Empero, la reemergencia indígena y la toma de consciencia a nivel global del desafío ambiental permiten augurar que la trayectoria de esos pueblos no ha terminado acá. La diversidad, que Philippe Descola define como normativo, como EL valor por excelencia con el que no se puede transar no ha dicho aún su última palabra…

Si queremos evitar "la pesadilla de la uniformidad", nosotros —los antropólogos— debemos demostrar tanto empecinamiento en defender la diversidad como los pueblos originarios en perpetuar su singularidad. Cambiando y transformándose, por cierto, para no desaparecer o dejarse tragar por el caudaloso río de una maquina productivista llena de arrogancia aunque claramente entrampada en las dudas de un presente perpetuo y de un futuro clausurado. Operando una crítica al utilitarismo dominante y al capitalismo diferencialista que actúa mediante la homogeneización por el mercado y la heterogenización por la cultura. Una cultura esencializada, reificada. Una ficción real *toujours déjà* muerta.

Si bien las culturas, incorporadas a y atrapadas en la economía política global productivista y capitalista parecen tener poco futuro, las Ontologías que permiten a los humanos marcar diferencias siguen vivas. Es de sus combinaciones equilibradas que depende la (re)composición de un (nuevo) mundo, de un nuevo vivir juntos. Ni las historias ni las historicidades subalternas se encuentran en su momento final. Hay que volver a empezar.

De la etnografía *achuar* al animismo como ontología
Philippe Descola y Florencia Tola[2]

Florencia Tola — El diálogo va a girar sobre ciertos ejes del libro que hoy estamos presentando, *La composición de los mundos*. Este libro es precisamente un diálogo con un joven filósofo, Pierre Charbonnier y es por eso que, para comenzar, me gustaría preguntarte: ¿qué es lo que motivó el diálogo con Charbonnier?

---

2   Presentación del libro *La composición de los mundos*. Alianza Francesa de Buenos Aires, Buenos Aires, diciembre 2016.

Philippe Descola — Primero agradezco también a todos los que hicieron posible la reunión de esta tarde y la venida de Anne-Christine Taylor y la mía a Argentina. También gracias a Florencia porque tenemos una conversación que empezó hace muchos años y que sigue en forma episódica, a veces en Francia, a veces aquí, en Argentina. Cuando me propusieron hacer este libro, en un primer momento no tenía mucho entusiasmo porque, a pesar del narcisismo normal de cualquier científico, pensaba que aún no era anciano o no había llegado la edad en la que uno ya puede reflexionar sobre su propia trayectoria. Pero, al mismo tiempo, me daba cuenta de que los estudiantes que tenía y tengo no se dan realmente cuenta de las condiciones en las cuales algunas ideas antropológicas —de manera más general, el debate intelectual— se planteaban hace treinta o cuarenta años. Es por eso que, a través de este diálogo, la idea fue demostrar cómo surgen ideas antropológicas; a través sin duda del trabajo de campo. El trabajo de campo —vamos a volver sobre esto después— es el *cas de figure* [caso ejemplar] de la actividad antropológica. La atmósfera intelectual de los años 1970 desempeñó un papel importante en las selecciones que hice al privilegiar tal o cual línea de pensamiento, tal o cual concepto o idea.

Otra razón que me motivó a hacer el libro fue Pierre Charbonnier[3]. Pierre es un joven filósofo, no es antropólogo. Pero forma parte de esa joven generación de filósofos que me parece muy interesante. Esto es muy diferente de lo que pasaba en la época de Claude Lévi-Strauss... Lévi-Strauss era un perverso terrible para la filosofía. ¡A él le encantaba tirar cáscaras de banana para que resbalasen los filósofos! En todos los diálogos que entabló con filósofos (Sartre, Ricoeur, Lévinas, en-

---

3   Pierre Charbonnier es Doctor en Filosofía, Investigador del CNRS y miembro del *Laboratoire Interdisciplinaire d'Etudes sur les Réflexivités*.

tre otros) siempre los orientaba de tal manera que ellos se encontraban en una posición, en cierto modo, difícil. Esto tenía, sin duda, una razón. La filosofía de ese tiempo tenía una cierta inquietud frente a lo que se percibía como una amenaza al movimiento hegemónico de las ciencias sociales que iba a hacer desaparecer la filosofía, por lo menos, la filosofía tal como se la concebía en Francia, es decir, una filosofía con un tinte muy histórico. La filosofía francesa se caracterizaba —y aún hoy, en cierto modo— por tener una visión crítica acerca de su propia génesis. La situación ahora es totalmente distinta porque hay toda una nueva generación de filósofos, en particular uno que conocemos bien Guillaume Boccara y yo, que se llama Bruno Karsenti[4]. Esta nueva generación ha renovado totalmente el pensamiento filosófico de las ciencias sociales, tomando las ciencias sociales como objetos filosóficos. Entre los jóvenes que trabajan con figuras como Bruno Karsenti está Pierre Charbonnier. Él hizo su investigación doctoral y publicó su tesis después[5]. Es un libro sobre cómo se formó la antropología de la naturaleza. Yo no lo dirigí porque era parte de su objeto de trabajo. El análisis que hace sobre cómo se ha desarrollado filosóficamente en la antropología una nueva perspectiva que, por reverberación, influye en la práctica de la filosofía me pareció muy interesante, y es por eso que acepté hacer el libro de discusiones con él.

---

4   Bruno KARSENTI es sociólogo y filósofo, Director de Investigaciones del EHESS. Su tesis doctoral fue publicada bajo el título: *D'une philosophie à l'autre*. París: Gallimard, 2013.

5   *La fin d'un grand partage. Nature et société de Durkheim à Descola*. París: CNRS éditions, 2015.

Etnografía, etnología y antropología

Florencia Tola — Te pediría si pudieras contar tus ideas acerca de lo que es la antropología y la etnografía. Más precisamente, ¿qué ideas tenías antes de hacer trabajo de campo entre los *achuar* de la Amazonía ecuatoriana por los años 1970? ¿Éstas fueron o no modificadas luego de tu experiencia etnográfica?

Philippe Descola — Comencé como filósofo pero, de igual manera que numerosos filósofos franceses desde Émile Durkheim hasta ahora, decidí abandonar la práctica de la filosofía universitaria. Si en un momento escogí volverme antropólogo fue porque tenía una insatisfacción respecto de la filosofía. Esta insatisfacción consistía en que me parecía que razonábamos en términos meramente epistemológicos. La epistemología era una cosa sumamente importante para nosotros. Mi profesor de la *École normale supérieure*[6] era Jean-Toussaint Desanti. Él era un gran filósofo de las matemáticas y constantemente hacíamos trabajo epistemológico. Al mismo tiempo, me parecía que no se tomaban en cuenta las experiencias vividas —que no son necesariamente reflexivas— de otras tradiciones culturales sobre las que yo, por curiosidad personal, había empezado a leer. Entonces me pareció interesante, en cierto modo, seguir siendo un filósofo, pero un filósofo que analizaba materiales que no tenían para nada la forma habitual en la cual solía presentarse la filosofía. A partir de este afán de hacer antropología, la cuestión fundamental era ir a ver cómo funcionaba en otras partes. A raíz de esto, el trabajo de campo resultaba absolutamente fundamental. Por estos motivos, fui profesor de filosofía

---

6   La *École normale supérieure* es una Escuela francesa fundada en 1794 y considerada la más prestigiosa de Francia, que forma a la élite científica de dicho país.

tan solo un año. Fue una experiencia interesante porque había un abismo enorme entre la preparación que habíamos recibido y mis alumnos (en Francia la filosofía se enseña en el último año de la secundaria). Me di cuenta realmente de que no estaba preparado para una carrera de profesor de filosofía.

Fui entonces a ver a Lévi-Strauss y le pregunté si aceptaba dirigir una tesis doctoral de antropología sobre un Pueblo amazónico. Hay que distinguir —tal como lo preguntas— etnografía, etnología y antropología. En nuestro oficio ésta es una distinción clásica. La etnografía es el estudio *in situ* de una comunidad cualquiera. Ésta puede ser un Pueblo amazónico o puede ser, como lo hizo alguien que admiro mucho (el antropólogo norteamericano Edwin Hutchins), un buque-escuela de guerra de la armada norteamericana. Él escribió un libro fantástico, *Cognition in the wild* (1995), y su trabajo de campo lo hizo del mismo modo en que lo hicimos Anne-Christine y yo cuando nos fuimos a estudiar a los *achuar*. Él pasó un año en un buque, estudiando cómo los cadetes aprendían su oficio. Su libro es un libro fundamental sobre la cognición. Es decir que no hay colectividad que pueda ser privilegiada o no por la antropología. Cualquier comunidad puede, de hecho, ser estudiada. Sin duda, uno demora mucho más cuando hay un idioma particular que aprender, porque es central entender lo que la gente dice en su propio idioma. El resultado de una etnografía suele ser una monografía, es decir, una descripción de esa comunidad en un momento específico de su trayectoria temporal.

El segundo nivel es la etnología, que implica un grado de generalización mayor pero que sigue siendo un proceso de generalización inductivo. Podríamos decir que es una generalización a partir de datos etnográficos circundantes. Si uno ha hecho una etnografía, tal como hice yo, en un grupo amazónico, uno se interesa por la etnología de la Amazonía. Es decir, se interesa por las características que parecen tener cierta vigencia en toda una región, y eso se hace a partir del material secundario que son las monografías, los artículos, entre otros.

La antropología es el nivel más general; es la teoría general y remite a las distintas maneras de vivir la condición humana. Dentro de este gran proyecto hay varias aproximaciones. La antropología es una operación de modelización o un procedimiento hipotético-deductivo en el sentido de que está basado en la elaboración de hipótesis sobre la vida social en general, y esas hipótesis se indagan usando material etnográfico e histórico. Un caso clásico es *Las estructuras elementales del parentesco* (1949) de Lévi-Strauss: hay una hipótesis sobre cómo funciona el parentesco en general, el sistema de alianza, y él va a estudiar distintas formas —que son transformaciones las unas de las otras— de esos sistemas de parentesco. Entonces, *Las estructuras elementales del parentesco* no derivan del estudio que Lévi-Strauss hizo del parentesco de los *bororo* en Brasil, sino de sus lecturas e las hipótesis que formuló después de haber leído una gran cantidad de material.

Sin embargo, esta separación nítida entre los tres niveles no es efectiva o empíricamente tan nítida. No es tan nítida, primero, porque los problemas que uno se plantea como antropólogo nacen de inquietudes, sorpresas y situaciones que lo hacen a uno pensar y lo conducen a transformar o reformar las herramientas que llevaba en su mochila de antropólogo, para plantear los problemas en una forma nueva, porque la situación que uno encuentra no corresponde con sus herramientas. Es decir, las herramientas que uno llevaba consigo no eran capaces de dar cuenta de una realidad determinada. Si hay algo que es muy importante es la capacidad de maravillarse de una situación etnográfica y de sacar ulteriormente las consecuencias de eso.

Para regresar a Lévi-Strauss, ¿cuál fue el elemento motor? Fue el descubrimiento de la reciprocidad en el mundo *bororo*, una sociedad con dos mitades en las que la vida de todos los miembros de una mitad es totalmente dependiente de las operaciones rituales de los miembros de la otra mitad, desde el nacimiento hasta la muerte. Una mitad es absolutamente necesaria para la vida de la otra mitad. Esta noción de reciprocidad desempeñó un papel fundamental en su obra y es la base del análisis que hace en *Las estructuras elementales del parentesco*. Esta noción deriva de su experiencia etnográfica, aunque esto nunca lo dice en su libro. Esto mismo vale para grandes proyectos antropológicos. Se puede decir lo mismo, por ejemplo, de Louis Dumont con su trabajo sobre la India, la comparación entre individualismo y holismo[7]. Si bien lo define de forma muy general, para él el holismo está radicado en su análisis del sistema sociocósmico indio. Por eso, la distinción entre etnología, etnografía y antropología no es tan nítida. Sin embargo, creo que es necesario mantenerla, ya que los modelos antropológicos como *Las estructuras elementales del parentesco* o aquellos que propuse en *Más allá de naturaleza y cultura* no son una descripción de la realidad: ellos son modelos. Y un modelo sirve para hacer una cosa que es muy específica: entender la gramática de las transformaciones que permite generar el modelo. Entonces, no hay que ir al trabajo de campo con un modelo diciendo 'voy a estudiar tal o cual cosa, tal modelo', porque el modelo, en realidad, sirve posteriormente, dentro de una perspectiva comparativa y no como un instrumento —o sirve muy poco como instrumento etnográfico—.

---

7   Louis Dumont. *Homo hierarchicus. Le système des castes et ses implications*. París: Gallimard, 1966.

Marxismo y estructuralismo

Florencia Tola — En la academia argentina, tu labor está fuertemente asociada al estructuralismo de Lévi-Strauss y a ciertas preocupaciones propias del estructuralismo. Se desconoce bastante, sin embargo, la influencia que ejerció sobre tu pensamiento otro reconocido antropólogo quien, desde un enfoque marxista, se dedicó al estudio de las dimensiones económicas de la vida social. Me refiero a Maurice Godelier. ¿Podrías contar cómo combinaste las dos perspectivas o qué hiciste con ellas?

Philippe Descola — Para empezar, habría que decir que en los años 1970 todos éramos marxistas y lo que tratábamos de hacer era combinar el marxismo con otras cosas. En el caso de Godelier, lo que me llamó la atención fue la tentativa que hizo de combinar marxismo y estructuralismo. Creo que no sucedió, posiblemente por razones que podemos discutir. Me parece que esa combinación no puede ocurrir. Hubo otras tentativas, como aquella de combinar estructuralismo, fenomenología y marxismo, que fue la perspectiva de Lucien Sebag. Intento con esto describir el estado de efervescencia intelectual de ese período en el cual, por lo menos teórica o intelectualmente, nada parecía imposible. Parecía que las combinaciones conceptuales podían desembocar en programas de investigación alentadores.

Lo que me interesó mucho del trabajo de Maurice Godelier fue que era un marxista heterodoxo que criticaba fuertemente un cierto marxismo dogmático que después redescubrí cuando vine a América Latina. Después de mi trabajo de campo, cuando pasé un tiempo con Anne-Christine Taylor como profesor de antropología en la creación del primer Departamento de Antropología en Ecuador, me di cuenta al hablar con los estudiantes de que en realidad había una especie de psitacismo marxista que tenía muy poca relación con la letra y el espíritu de los textos de Karl Marx. Además, en ese tiempo en que Louis Althusser y Étienne Balibar hacían la lectura de *El capital* (1867), Godelier había hecho lo mismo. Estábamos hundidos, como filósofos y militantes, en la exegesis de Marx.

En este período, lo que realmente me interesaba era tratar de combinar el tipo de análisis que Lévi-Strauss dedicaba a lo que llamaba las "superestructuras" —él también había sido marxista— con el tipo de análisis que los marxistas —en particular Godelier— decían que había que hacer. Había que dedicarse a lo que se llamaba desde entonces las "fuerzas productivas", es decir, los sistemas técnicos y las formas de actuar sobre el entorno para producir bienes de subsistencia. La idea era combinar los dos elementos. Lévi-Strauss había dicho 'yo solamente me intereso por las superestructuras' —¡y con gran éxito!— pero a mí me parecía interesante entender, en una sociedad amazónica que no había tenido mayor contacto con el mundo exterior, cómo funcionaban esas relaciones entre humanos, plantas, animales, suelos y ríos, para tratar de entender el aspecto tanto material como ideal —conceptos que había desarrollado Maurice Godelier—.

Determinismo cultural e indígenas ecuatorianos: los comienzos del animismo

Florencia Tola — Por la década de 1970, cuando te fuiste a Ecuador, los indígenas amazónicos vivían de un modo muy diferente al actual y autodeterminaban, como bien expresás, su forma de vida y de relación con el entorno a partir de reglas que les eran propias. Las teorías dominantes de la antropología norteamericana solían ver a los indígenas amazónicos como un "apéndice de la naturaleza". De hecho, el determinismo ambiental reinante pretendía explicar las instituciones sociales como formas adaptativas a las limitaciones del ecosistema. Por ejemplo, la guerra era explicada como consecuencia de la carencia de proteínas[8]. Vos te fuiste a hacer trabajo de campo con la idea de rebatir estas teorías al igual que otros colegas venían haciendo con informaciones provenientes de otras regiones del mundo. Entonces, me gustaría saber ¿qué tipo de datos te dedicabas a registrar con la idea precisamente de discutir los postulados de ese determinismo ambiental tan elemental?

Philippe Descola — Es verdad que en los años 1970 para alguien que se interesaba por la Amazonía y, en particular, por las relaciones entre humanos y no-humanos (aunque no existía esta terminología en ese tiempo), había dos grandes corrientes: una era la que nosotros, en Francia, teníamos tendencia a llamar "el materialismo vulgar", es decir, el determinismo ambiental de la escuela ecológica norteamericana, y la otra era la perspectiva que Lévi-Strauss había desarrollado y que veía a la naturaleza como una especie de léxico de propiedades que la mente iba a seleccionar, a extraer del mundo de la naturaleza para organizar esas cualidades en construcciones simbólicas (mitos, clasificaciones populares, etc.). Faltaba algo entre las dos, entre el materialismo vulgar y esa concepción muy abstracta de la naturaleza. Faltaba el tipo de relación que la gente mantenía con los animales y las plantas. Estudiar esa relación fue la meta que me propuse desarrollar durante mi trabajo de campo. Yo tenía mis dudas epistemológicas a propósito del materialismo vulgar, pero era necesario también ir más allá de las críticas epistemológicas, y con el mismo material que usaban los

---

8 Véase: Steward (1946-1950), White (1949), Meggers (1954), entre otros.

colegas norteamericanos tratar de ver si funcionaba o no. Por ejemplo, en ese tiempo había una teoría que decía que en Amazonía había dos grandes tipos de ecosistemas (había, sin embargo, muchos más, pero era una clasificación muy general). Uno eran los ecosistemas ribereños que se ubican en las riberas de los grandes ríos, con suelos aluviales ricos, con una gran cantidad de fuentes de proteínas a través de animales, peces y de la fauna riparia que frecuenta las riberas. Esto era una pequeña parte de Amazonía. Otro era el ecosistema interfluvial de suelos pobres, oxisoles, laterizados, etc. y con fuentes de proteínas dispersas, esencialmente arborícolas (monos, entre otros). La idea predominante era que estos dos tipos de ecosistemas habían generado formas de adaptación totalmente distintas: los grandes cacicazgos sobre las riberas de los grandes pueblos, y pequeñas sociedades dispersas que se dedicaban a la guerra para dispersarse en esos ecosistemas y adaptarse a la escasez de proteínas.

A través del tipo de trabajo que se suele hacer en ecología humana (recogiendo datos sobre fertilidad de suelos, etc.) mostré que, en esa región que estaba ocupada por los *achuar* desde hace mucho tiempo, los dos ecosistemas eran utilizados sin que hubiera ninguna diferencia entre las formas de adaptación a uno y al otro, en términos institucionales. En esa época, los *achuar* vivían en un hábitat disperso, es decir, había una casa grande, una huerta alrededor y la selva, con una densidad de población muy baja. La impresión inmediata que uno tiene cuando viene de Europa y lleva en su mochila intelectual la separación entre naturaleza y cultura es que la caza y la huerta eran el mundo de la cultura y que la selva era el mundo de la naturaleza. En realidad, a través de los procesos mismos de cultivo, de trasplante de plantas forestales en las huertas y de otras técnicas, se notaba que había un continuo total entre las huertas y la selva y que, además, por un proceso que había durado miles de años, la selva se había transformado en cierto modo en una especie de huerta, en el sentido de que la densidad de plantas útiles para los humanos era muy alta en la selva gracias a ese proceso. Es decir, la composición florística de la Amazonía había sido cambiada profundamente por la acción humana. Cosas como éstas hacían de la idea de la adaptación de una sociedad aterrizada del cielo en un ecosistema que le preexistía, algo totalmente absurdo. Lo que existía era una co-evolución de poblaciones humanas y de poblaciones de plantas y animales a través de una interacción muy antigua. Por esa razón —es decir, no solamente por razones epistemológicas, sino también empíricas— las interpretaciones de la escuela materialista no funcionaban.

Nosotros pasamos varios años con los *achuar*. Cuando llegamos no era realmente un pueblo lo que conocimos, sino un conjunto de casas en el cual solamente había un joven que tenía conocimiento del castellano. Fue por eso que nos vimos obligados a aprender el *achuar*. Esto llevó tiempo. Cuando empezamos a entender lo que pasaba, nos dimos cuenta de que los *achuar* tenían una relación muy extraña con animales y plantas. Hago un paréntesis: cuando uno vive con una comunidad de este tipo por años, en un hogar, compartiendo las actividades de los hombres y las mujeres, termina obedeciendo a la división sexual del trabajo. En nuestro caso, Anne-Christine iba a trabajar con las mujeres y yo con los hombres. ¡Anne-Christine con gran éxito en la huerta y yo un fracaso total! Yo tenía una escopeta. En sí no es difícil usarla, el problema es encontrar animales. Yo era pésimo e intentaba más o menos actuar como un *achuar* en este sentido. Cuando uno vive así, después de un rato no hace falta hacer preguntas. Al comenzar, sí hay que hacer preguntas: '¿cómo se llama tal o cual cosa?' Uno hace las cosas que hacen los etnógrafos (genealogías, etc.) pero después de un rato, uno escucha lo que la gente dice y, haciendo esto, se descubren cosas absolutamente increíbles.

En esa sociedad, muy temprano, antes del amanecer, la gente se reúne alrededor de los fuegos para discutir los sueños de la noche porque son importantes para determinar lo que se va a hacer en el día. Hay dos tipos de sueños: algunos son sueños que se pueden interpretar con reglas sencillas, de inversión en general. Es decir, si uno sueña que se fue de pesca, por ejemplo, es un buen sueño para ir de cacería. Hay toda una gramática elemental de interpretación. Pero había otros sueños que eran muy extraños. En ellos una persona humana iba a visitar al soñador y, en realidad, era una planta o un animal que se manifestaba en forma humana y se presentaba como quien era, quejándose o brindando alguna información. Esto era algo común, de todos los días. Uno de esos sueños era el de una mujer que había soñado con una planta de mandioca que se quejaba porque la intentaban envenenar, ya que habían plantado, demasiado cerca de ella, unas plantas que se usan para la pesca y cuyas raíces son venenosas. Entonces, cuando uno escucha eso dice: '¿esa señorita dónde vive?'. Uno se da cuenta de lo que, años después, llamé "animismo". El animismo es sencillamente la idea de que los no-humanos —gran parte de ellos, no todos, pero gran parte de ellos— se ven como humanos, van a visitar a los *achuar* bajo forma humana, tienen una vida social muy espiritual o moral, análoga a la de los humanos.

Resalto otra dimensión que no fue inmediata: los *achuar* utilizan cantos mágicos que cantan mentalmente, pero que uno no puede ver que los canten ya que son cantos del alma, son discursos del alma, del corazón, que se dirigen al corazón de otros humanos que se encuentran lejos y sobre los que se desea actuar, o al corazón o alma de plantas y animales. Nos dimos cuenta de que gran parte del día, esa gente que estaba trabajando, pescando o cazando se estaba comunicando con humanos lejanos pero, en muchos casos, también con animales y plantas. Entonces, empezamos a recordar esos cantos y eso nos dio una forma de ingreso muy importante a esa forma de relacionarse con plantas y animales, considerados, en cierto modo, como socios.

Así fue como progresivamente lo que yo había ido a estudiar, es decir, el modo en que una sociedad se adapta a su medio ambiente, desapareció como programa porque no había adaptación en el sentido tradicional y las formas de actuar con plantas y animales eran más bien una serie de interacciones sociales con no-humanos que no podía cuadrar con los modelos con los que había ido a estudiar esa realidad.

El animismo y las ontologías

Florencia Tola — Me gustaría volver a la cuestión metodológica a la que te referiste al comienzo cuando diferenciaste la etnografía de la etnología y de la antropología. La etnografía es el substrato inicial que da el estímulo para la reflexión antropológica. Tal como contaste, la etnografía te sumergió a vos en un tipo de experiencia y contacto con la vida social que fue necesario para elaborar, después, conceptualizaciones antropológicas de orden más general. De hecho, la antropología es una de las pocas disciplinas que oscila entre lo particular y lo universal: se pasa del mínimo detalle registrado en la etnografía a la necesidad de síntesis y modelización propias de la antropología. Entonces, si *La Selva culta* constituye una etnografía en la que describís la relación de un Pueblo amazónico con el ambiente, que te permitió invalidar los postulados de las corrientes deterministas, en *Más allá de naturaleza y cultura* vos no procedes a través de generalizaciones sucesivas derivadas de casos particulares, sino que partís de una hipótesis antropológica general acerca del modo en que los seres humanos detectan determinadas propiedades en lo que los rodea, proceso que les permitirá identificarse o no con lo percibido. Me gustaría, si fuera posible, que contaras cómo fue el paso de esta experiencia particular que fue la etnografía entre los *achuar* a tu labor antropológica de gran envergadura. Es decir, ¿cómo fue la alternancia entre un método que procede por inducción —la etnografía— y otro que parte de una postulación hipotético-deductiva?

Philippe Descola — Para empezar hay que decir que después de terminar la tesis de antropología tuve la buena suerte de ser electo en la *École des hautes études en sciences sociales* donde pude empezar a dar un seminario de investigación que tenía como temática el problema que me planteaba: si la oposición naturaleza / cultura se revela como no operante, es necesario entonces ver otras expresiones de las relaciones entre humanos y no-humanos en otras partes para ver cómo funcionan. Durante años me dediqué a estudiar esas formas en el material etnográfico de otros; empezando por la Amazonía. Allí, lo que había descubierto entre los *achuar* era más o menos igual en todas partes. Subiendo progresivamente hacia el norte de América del Norte encontré cosas muy similares, en Siberia también, en partes del Sudeste Asiático y de Oceanía también. Es decir que lo que había descubierto con los *achuar* era algo mucho más común de lo que pensaba y, por eso, decidí rescatar ese concepto que había caído en desuso y descrédito que era el concepto de "animismo".

En todos los casos que había podido leer teníamos la misma combinación de, por un lado, la idea de que gran parte de los no-humanos tiene una capacidad subjetiva que les permite, en particular, comunicarse con los humanos y que les da la posibilidad de llevar una vida social del mismo tipo que la de los humanos y, por otro lado, cada uno de esos grupos de seres tiene un cuerpo que le permite hacer ciertas cosas y no otras. El cuerpo era una cosa, sin duda, muy importante porque era como una especie de traje de buceo que permite hacer ciertas cosas: el cuerpo de un pez es un traje de buceo que le permite entrar al agua. En ciertas circunstancias, el pez puede descartar ese traje y llevar una existencia análoga a la de los humanos. Entonces, cada uno de los cuerpos, las categorías de cuerpos, no es que permitía representarse un mundo. De hecho, empecé a luchar contra la idea de "cosmovisión" o la idea de que hay/existe un mundo. Éste es el mensaje principal del libro: ir en contra de la idea de que habría una especie de mundo universal con características que estarían a la espera de ser objetivadas y que cada cultura va a objetivar parcialmente, pero como la mayoría de las culturas no tienen ciencia, la única que las puede objetivar completamente es la nuestra. Las otras culturas son entonces cosmovisiones, es decir, visiones parciales de este mismo universo natural. De esto me di cuenta justamente gracias al animismo. El animismo es una teoría en la cual el cuerpo es el instrumento que permite construir un mundo, y ésta es una alternativa a nuestra metafísica clásica. Es decir que son los elementos anatómicos del pez, del pájaro o del jaguar los que les permiten actualizar un mundo porque el mundo es una ampliación de esas capacidades biológicas. Entonces, no son representaciones, sino actualizaciones de propiedades del mundo. Éstas pueden ser actualizadas justamente porque tienen esas capacidades propias.

Eso era el animismo y tenía, sin duda, una particularidad, porque era exactamente el inverso del modelo con el cual yo había llegado al trabajo de campo. Es decir, un mundo natural universal con una cantidad de versiones culturales parciales. Esto se basa justamente en lo contrario del animismo, en la idea de que sólo los humanos tienen dignidad moral y cognitiva, mientras que el resto de los elementos del mundo no pueden competir con los humanos en este sentido. Sin embargo, por lo menos desde René Descartes, desde los animales-máquina y en forma cada vez más amplia después, los humanos se encuentran como parte de un gran continuo de procesos biológicos, químicos y físicos que no los convierte en seres muy distintos desde el punto de vista físico.

Teníamos, entonces, una oposición frontal entre animismo y lo que llamé "naturalismo". Pero esta oposición frontal no podía cubrir todas las otras formas de conceptualizar y de relacionarse con los no-humanos que los etnógrafos y los historiadores habían descrito. Por eso seguí en el seminario que dicté en la EHESS y después en los cursos en el *Collège de France*, ya que la enseñanza de este tipo de cosas lo fuerza a uno a trabajar; a vencer la pereza natural. ¡Podría decir que soy un perezoso contrariado! Entonces, fijándose objetivos de este tipo, uno tiene que avanzar y llegar a una cantidad de cosas fascinantes. Empecé a leer sobre Australia; sobre el totemismo australiano. Y en el totemismo australiano, ni el naturalismo ni el animismo cuadraban. El animismo no cuadraba porque, a pesar de que sean cazadores-recolectores, no se encuentra animismo en Australia. Nunca se lee mención alguna a la posibilidad de establecer una comunicación con un animal particular. Es decir, no hay animismo en este sentido. ¡Muy extraño! Lo que hay es una conceptualización increíblemente complicada que puedo resumir brevemente así: grupos de humanos y grupos de no-humanos conforman grupos totémicos que comparten ciertas propiedades o cualidades bastante abstractas que los distinguen, en bloque, de otros grupos totémicos que están conformados también por ciertos humanos y no-humanos. Es así que el mundo está segmentado en asociaciones, o más bien no son asociaciones sino paquetes de humanos y no-humanos que comparten propiedades morales y físicas idénticas. Ésta es una nueva fórmula que se encontraba de forma ejemplar en Australia pero también, en forma más atenuada, en otros sistemas totémicos que empecé a analizar; por ejemplo en la costa noroeste o en el norte de la Nueva Guinea. Hasta acá tenemos tres fórmulas.

Había una cuarta que quedaba vacía... "La prosa del mundo" es una fórmula de Maurice Merleau-Ponty que Michel Foucault utilizó para nombrar un capítulo de su libro *Les Mots et les Choses* (1968). Este capítulo de *Les Mots et les Choses* se refiere al pensamiento del Renacimiento. Me surgió entonces el último modelo, es decir, el cuadro vacío. Realmente más que haber surgido, me agarró. Yo releía el capítulo "La prosa del mundo" en el que Foucault describe los distintos procedimientos a través de los cuales el pensamiento del Renacimiento establece conexiones, y dichos procedimientos no son naturalistas en lo menor. Al mismo tiempo, estaba leyendo otra gran obra, el libro de Marcel Granet *El pensamiento chino* (1934) y veía exactamente los mismos mecanismos en estas dos civilizaciones que tradicionalmente, desde Leibniz, se dice que están totalmente apartadas. China, desde Leibniz, se presenta como la alteridad conceptual máxima. Viendo los procedimientos de conexión que se usaban —de ligación y vinculación— se notaba que eran más o menos similares, y entonces me surgió la idea de que la cuarta fórmula podría ser justamente aquella en la que el mundo está compuesto de singularidades desconectadas —analíticamente, al menos— y que hace falta que esas singularidades se vinculen de alguna forma. La forma más común para hacerlo es el pensamiento analógico, es decir, tal cosa es para tal cosa lo que tal cosa para tal otra cosa, etc. A través de eso, se pueden construir redes o encadenamientos de cosas, colores, funciones, oficios y enfermedades que se organizan así por analogía y por analogías transitivas. Fue así que decidí llamar a esto "analogismo", por la importancia que el pensamiento analógico tenía en eso y que, aunque el pensamiento analógico se utiliza en todas partes, por lo menos ahí tenía una importancia fundamental. Fue así como poco a poco armé en *Par-delà nature et culture* una especie de monumento. Una de las razones por las que acepté hacer el libro de conversaciones fue la de tratar de mostrar cómo se construyó este monumento. Tal vez por coquetería, había tirado los estantes de la construcción en *Más allá de naturaleza y cultura* y es por eso que traté de explicitar cuál había sido tal proceso de construcción.

Pluralismo ontológico

Florencia Tola — En tu uso antropológico del término "ontología" juega un papel central la noción de "modos de identificación" entendidos como un tipo particular de esquema adquirido en la socialización temprana. Me gustaría plantearte algunas dudas derivadas de mi trabajo de campo entre los tobas (*qom*) del Chaco argentino; lugar que conoces bien no solo por las lecturas de los antropólogos clásicos, sino también por haberme acompañado hace ya algunos años a Formosa. Como bien sabes, el mundo habitado por los tobas está hecho no solo de plantas, animales, dueños no-humanos de animales, muertos, chamanes y espíritus, sino también de campos privatizados, montes talados, aguas contaminadas, discriminación y racismo. Aun así, existen maneras tobas de vincularse con el entorno y entre ellos que no responden a la ontología naturalista que separa naturaleza de cultura y que atribuye la cultura exclusivamente a los humanos. Si el mundo en el que los tobas y otros Pueblos indígenas contemporáneos son socializados está hecho de fragmentos de esas formas propias de vincularse con el entorno y sus seres, pero también está atravesado por la biomedicina, la escolarización, el partidismo, el evangelismo: ¿qué pasa en estos contextos contemporáneos en los que los indígenas adquieren, desde su socialización temprana, esquemas de objetivación de la realidad de corte animistas y naturalistas, a la vez? Teniendo en cuenta este panorama, tan común a los Pueblos indígenas americanos, me pregunto: al ser socializados de esta manera, ¿los indígenas transitan por diversas ontologías cuando vivencian experiencias tan dispares (una sala de un hospital, una salida de cacería, el culto evangélico, la escuela)? Vos hablás de "mezclas" o "hibridaciones" y no de ontologías estancas, pero en estos contextos de dominación, ¿nos enfrentamos con hibridaciones entre ontologías o con conflictos ontológicos tan profundos que el entendimiento intercultural se hace cada vez más arduo y en donde la hibridación se da en una sola dirección? Retomando entonces la idea de "composición de mundos", la oposición entre un mundo y muchas representaciones y la existencia de múltiples mundos, ¿las personas indígenas de un mismo Pueblo viven en mundos distintos si algunos de ellos se atienden en una sala de hospital y otros optan por ir a un chamán?

Philippe Descola — Hay que decir primero que esos modos de identificación que llegan a constituir históricamente ontologías son modelos heurísticos que permiten entender formas de compatibilidad e incompatibilidad entre instituciones, prácticas, etc. No son, de ningún modo, una descripción de la realidad. Entonces, ellos permiten en un nivel comparativo que es el de la antropología —que debería ser el de la antropología— apuntar a lógicas distintas (institucionales, formas de prácticas, formas de regímenes de temporalidad, etc.) que son distintas porque salen de formas distintas de hacer inferencias sobre continuidades y discontinuidades entre los humanos y no-humanos. Esto es algo importante. Uno no va al trabajo de campo con la meta de clasificar 'tal tipo es un naturalista, tal tipo es un animista' porque todos nosotros somos todo al mismo tiempo. Somos naturalistas pero también animistas en ciertas circunstancias y somos nacionalistas también, es decir, somos totemistas en el sentido que pensamos que el lugar en donde nos criamos y los paisajes, los animales, las plantas tienen un carácter distintivo que nos hace totalmente distintos de los vecinos que se han criado en un contexto distinto. Ahora bien, la sistematización de uno de estos sistemas nos hace un poco distintos de los demás. No se trata de una máquina destinada a seleccionar ontologías en el campo. Cada humano tiene, sin duda, su mundo particular. Pero cuando los mundos que se han constituido en circunstancias análogas con personas que se han criado en circunstancias análogas se superponen, es ahí que se puede hablar, en términos generales, de "cultura". Una cultura es eso; una especie de superposición de mundos personales que tienen una cierta consistencia, una cierta coherencia porque los principios de construcción de cada uno de ellos se corresponden.

Ahora bien, esto es el tipo de cosas que se pueden analizar en el nivel de la modelización en el cual me ubico. Pero concretamente —y especialmente con la globalización, la circulación de ideas, de bienes, etc.— la gente se encuentra en situaciones de superposición muy inestables. Te conté sobre la experiencia de un estudiante mío que trabaja sobre chamanismo *shuar* (indígenas que viven al lado de los *achuar* y que están en contacto con el frente de colonización desde hace mucho tiempo). Él me contaba de una sesión chamánica en la casa de un señor que curaba a un *shuar* con las técnicas de curación *shuar* (extraer flechas del cuerpo, etc.). Además, había un colono que estaba enfermo y tenía que tratarlo con el método —muy clásico en toda la zona andina— de la soplada y la limpiada. Debía limpiar y sacar la enfermedad a través de una limpiada con la planta que captaba la enfermedad. Además, había dos jóvenes franceses que venían a hacer una excursión de neochamanismo y el mismo hombre, en castellano, les explicaba que los *shuar* son los guardianes de la naturaleza etc., etc.: es decir, el discurso clásico que le gusta a las organizaciones ecológicas. El hombre hacía las tres cosas al mismo tiempo sin que hubiera ninguna contradicción porque, supongo, todavía la base era animista y no había contradicción en tratar esos otros mundos; no había contradicción básica con los principios de constitución de su mundo propio. Y eso me parece que es la situación más común, no solamente en el Chaco o en Amazonía, sino en todas partes.

NO-HUMANOS, CONFLICTOS AMBIENTALES Y LA ANTROPOLOGÍA

Florencia Tola — Muchas gracias. Ahora ¿el público quiere formular alguna pregunta?

Guillaume Boccara — ¿Qué pasa concretamente cuando los no-humanos llegan a ser destruidos? ¿Qué implicancia tiene para los humanos el hecho de que los no-humanos se encuentren destruidos o en peligro?

Philippe Descola — Ésta es una muy buena pregunta. No solamente cuando los no-humanos son destruidos sino cuando no se comportan como deberían comportarse y éste es un caso muy común hoy en día con el calentamiento global. Si bien en Amazonía no se nota tanto, hay un buen número de excelentes etnografías de zonas en las que el calentamiento global se da de formas más visibles, me refiero a las zonas de altitud, los Andes por ejemplo o las latitudes más septentrionales. Ahí ya nada funciona como solía funcionar y entonces lo que pasa es que muy a menudo la gente se revierte la culpa hacia sí misma. Por ejemplo, el sistema analogista es un sistema en el cual una catástrofe climática (como en los Andes o en África) es el resultado de una acción social. Es decir, un incesto puede provocar lluvias torrenciales. Cuando los glaciares deshielan, por ejemplo, es porque ciertos ritos no han sido cumplidos o porque la gente no se ha comportado bien con las plantas o los animales. Uno puede decir 'no, ustedes no son responsables, somos nosotros los responsables', pero la reacción más inmediata es la de atribuir una responsabilidad interna. Esto, en cierto modo, es una tragedia porque nosotros —los naturalistas— hemos destruido completamente, no destrozado, pero desajustado el sistema climático de la tierra y, al mismo tiempo, la gente piensa que son ellos los responsables... Excepto algunos, como los *kogui* de la Sierra Nevada (Colombia) que sostienen desde hace tiempo 'ustedes, hermanos menores, han realmente metido la pata, ustedes tienen la culpa de todas esas perturbaciones'.

Celeste Medrano — ¿Cómo piensa que puede darse el diálogo en situaciones en las que conviven dos composiciones del mundo? Por ejemplo, un grupo humano que piensa que una montaña es una montaña y otro grupo que integra esa montaña a su socialidad y le atribuye condiciones humanas. ¿Cómo pueden establecerse vínculos entre ellos?

Philippe Descola — Conflictivamente. Se hace conflictivamente en la mayoría de los casos. Yo diría que es normal en el sentido de que el día en que una empresa minera entienda que un cerro que está utilizando para la minería es un espíritu, una deidad o un miembro de un colectivo más amplio, que los humanos tienen el deber de defender no para protegerse de la polución sino para protegerlo de los atentados ontológicos, ese día en que la minera logre entender esto, las cosas habrán cambiado… Pero no me parece que vaya a ser mañana. Mientras tanto habrá conflicto, obviamente, conflicto. Y, justamente, la tarea de los antropólogos es la de tratar de dar a conocer este tipo de conflicto ontológico. No solamente basta decir 'esa gente lucha contra la invasión de sus tierras, lucha contra la polución de sus aguas, etc.'. Esto es obvio. Nuestra tarea es también dar a entender a un público mayor lo que está en juego en este tipo de oposiciones para dar a entender que, justamente aún en países como la Argentina, este tipo de situaciones puede producirse, y que básicamente hay que entender que los mundos en que vivimos son complejos. Es por eso que tenemos una gran responsabilidad social.

Florencia Tola — Me gustaría, para concluir, retomar el caso chaqueño, pero ahora prestando atención a una característica de los Pueblos indígenas de esta región del mundo. A pesar de casi dos siglos de intensas relaciones con militares, viajeros, expedicionarios y Estados, los indígenas chaqueños forjaron su identidad incluyendo al blanco, la historia y los Estados sin anular por ello las particularidades que los constituyen como Pueblo indígena. En este contexto particular, la antropología puede desempeñar un papel importante. La lucha de los Pueblos indígenas por la autodeterminación no está al margen de las ontologías, hasta podría pensarse que es en sí una lucha por la autodeterminación ontológica (*sensu* Eduardo Viveiros de Castro). Si miramos los reclamos territoriales indígenas, vemos que la política no está al margen de la ontología sino que la incluye. Te pregunto entonces ¿las luchas de los Pueblos indígenas de hoy en día pueden ser leídas desde una perspectiva ontológica o la preocupación por la ontología excluye las dimensiones políticas de la vida social indígena? ¿Por qué pensás que la antropología contiene un proyecto político absolutamente revolucionario?

Philippe Descola —Uno de los creadores de la antropología, que es Edward Tylor, a finales del siglo XIX decía 'los antropólogos son antes que nada reformadores'. Lévi-Strauss dictó en 1937 en la CGT una conferencia que se publicó hace poco. La CGT era en esas épocas el mayor sindicato francés por cuyo liderazgo peleaban socialistas y comunistas. Se llama *La etnología como ciencia revolucionaria*[9]. Aun Lévi-Strauss —que suele ser considerado políticamente como un conservador y que en ese tiempo aún era marxista— desarrollaba una idea que para nosotros hoy en día es muy común. La idea era que, entre otras razones, la antropología es revolucionaria porque nos permite vernos a nosotros a través de los ojos de los demás, y así nos permite entender que el curso que la civilización occidental y el capitalismo industrial han seguido no es el único posible porque otras civilizaciones, otras culturas, han escogido otras formas de vivir que no pueden ser transpuestas por analogía, porque ninguna experiencia histórica puede ser transpuesta. Estas otras formas de vivir pueden ser un estímulo para pensar formas

---

9   El 29 de enero de 1937 en el *Centre confédéral d'éducation ouvrière* de la CGT Lévi-Strauss dictó la conferencia titulada *Une science révolutionnaire : l'ethnographie*. La conferencia se publicó en 2016 en el libro *De Montaigne à Montaigne*.

alternativas de reformarnos o de transformarnos, ya que otros han escogido o han seleccionado vivir en mundos muy distintos de los nuestros. Entonces, es en este sentido que el paso por la alteridad que permite la antropología es absolutamente fundamental.

De las ontologías al paisaje y la figuración

Philippe Descola, Marcelo González Gálvez, José Isla y Juan Carlos Skewes[10]

Marcelo González — Profesor Descola, muchas gracias por el honor de tenerlo aquí en el Centro de Estudios Indígenas, también en el Programa de Antropología de la Universidad Católica. El día de hoy, para realizar esta entrevista, nos acompaña el profesor José Isla de la Universidad Nacional de Chile y el profesor Juan Carlos Skewes, Director de la Escuela de Antropología de la Universidad Alberto Hurtado. Muchas cosas podrían de-

10   Centro de Estudios Interculturales e Indígenas, Pontificia Universidad Católica de Chile, Santiago de Chile, diciembre 2016.

cirse sobre su extensa e importante trayectoria, pero más que hacer ese tipo de presentaciones nos interesa que la presentación vaya surgiendo a partir de las preguntas que se vayan haciendo.

IDEAS, CONCEPTOS, PROBLEMAS ANTES Y DESPUÉS DEL TRABAJO DE CAMPO

José Isla — Nosotros tenemos unas preguntas que son bien típicas, pero yo creo que conviene dar una vuelta sobre esos tópicos. Lo primero es, ¿qué libros lleva en la mochila Philippe Descola en el momento de internarse en la selva ecuatoriana camino de la primera casa *achuar*?, ¿qué libros y qué ideas?

Philippe Descola — Ideas… yo tenía todo el pasado europeo en mi mochila —o en mi cabeza— y el trabajo de campo fue una especie de ejercicio de "higiene mental" que me permitió, si no descartar, al menos hacer una selección entre estas ideas, entre las que podían seguir sirviendo y aquellas que debía cambiar. Esto fue un ejercicio a lo largo del tiempo, a lo largo de la estancia en el trabajo de campo. Al llegar yo ya sabía que iba a permanecer algún tiempo, entonces me llevé literatura también.

José Isla — ¿En su mochila también iban libros?

Philippe Descola — ¡Claro! Novelas, ensayos. Tenemos en Francia esa colección de libros maravillosa que es *La Pléiade* en la que se puede leer toda À la recherche du temps perdu [de Marcel Proust] en un volumen pequeño. Me llevé, debo confesar, cosas que nunca había tenido tiempo de leer como *Guerra y Paz* [de Tolstoi] y *Las Memorias de Ultratumba* de Chateaubriand porque lo que buscaba era el contraste entre la situación en la cual vivía diariamente y el contexto literario que surgía de esas novelas. Me acuerdo estar leyendo el discurso de renuncia de Chateaubriand a la Cámara de los *Pairs* (que era una especie de Cámara aristocrática que existía en aquel tiempo en Francia), que posiblemente sea una de las cumbres de la retórica política, sumamente bien escrito y, echando una mirada por encima de mi libro, ver al dueño de la casa donde estábamos regresar de cacería cargando un saíno. Los contrastes de este tipo permiten reflexionar mejor sobre el tráfico de ideas, posiciones, sentimientos y afectos que hacen parte del trabajo de campo.

Con respecto a los libros, me acuerdo también que había empezado a leer *Les Mythologiques* (1964, 1967, 1968, 1971) antes de irme a hacer trabajo de campo. Pero me parecía que era muy difícil de digerir, entonces traté de ver lo que podía hacer y leerlas en el trabajo de campo. Y fue fabuloso porque se veía diariamente que el carácter un poco abstracto que pueden tener *Les Mythologiques* desaparece, se desvanece completamente, al ver cotidianamente los elementos del entorno que son la base sobre la que Lévi-Strauss trabaja para sacar de los mitos ciertas propiedades que son basadas en la botánica, la astronomía, en fin, la materialidad de las cosas. Esto fue una gran experiencia.

Juan Carlos Skewes — ¿En esa mochila cómo entra el componente filosófico? Pienso en su genealogía como tributario de Lévi-Strauss y como discípulo de Maurice Godelier. Los tres tienen una formación previa muy fuerte en filosofía, ¿cuáles eran sus inclinaciones filosóficas por aquellos años?

Philippe Descola — Desde el momento en el que uno se pone la mochila en las espaldas y entra en la selva, gran parte de esa herencia filosófica se desvanece. La elección del lugar y la problemática que iba a trabajar fue, sin duda, una elección previa porque como filósofo la relación naturaleza / cultura es un tópico básico de la educación filosófica. Me sentía un poco incómodo con la manera en que la relación naturaleza / cultura era tratada en antropología. Por un lado, estaba —en este tiempo, en forma casi dominante en el mundo norteamericano— la escuela de la Ecología cultural con un determinismo ambiental, un materialismo crudo o vulgar[11]. Y, por otro, la posición que no era tanto la de Lévi-Strauss pero sí de algunas personas que lo rodeaban, que consideraba la naturaleza como una especie de repertorio de cualidades, que se podía sacar, en algún sentido, de la temática general de *El Pensamiento Salvaje* (1962) y reconstruir combinaciones simbólicas complejas como clasificaciones populares y mitos. Entre estas dos posturas, la dimensión social había completamente desaparecido. Es decir, ¿cuál es y cómo se da la relación entre los humanos, las plantas y los animales? Por un lado, había un determinismo casi histérico, sin ninguna libertad para la actuación de los humanos y, por el otro, había una cosa muy intelectual. Entonces, fue precisamente la influencia de Godelier —casi todos éramos marxistas en esos tiempos— la que me condujo a interesarme por lo que, en este tiempo, seguían llamándose "las relaciones de producción", "las fuerzas productivas" y todo este aspecto concreto de la interacción de los humanos y el medio ambiente. Fue esa tradición lo que me definió la idea de trabajar en la Amazonía.

¿Por qué en la Amazonía? Porque los indígenas amazónicos aparecen en el pensamiento europeo mucho antes del nacimiento de la antropología y constituyen una especie de referencia para la filosofía política en par-

---

11   Sobre este tema, ver la entrevista anterior.

ticular. Una cosa que se nota es que desde los cronistas del siglo XVI, los indígenas de la Amazonía están definidos por la "falta de", en francés se diría: *sans foi, sans roi, sans loi* [sin fe, sin rey, sin ley]. Estaban asombrados, los cronistas primero y todos los viajeros después, por el hecho de que esta gente parecía no tener instituciones sociales como las que existían en Europa en ese tiempo. Al mismo tiempo, los indígenas de la Amazonía les parecían —y eso empezó en el siglo XVI, y yo veo casi a la ecología cultural como el punto final de este largo movimiento— como si fueran naturales, en el sentido de que no podían librarse de la naturaleza. No podían librarse de la naturaleza con resultados positivos, a veces. Esta era la temática de Michel de Montaigne, primero, y de Denis Diderot después. Los indígenas de la Amazonía eran una suerte de "filósofos desnudos" que vivían felizmente de los frutos que la naturaleza les otorgaba. O, en la versión negativa, ellos eran vistos como brutos caníbales que no podían resistir sus instintos. Esto se lee en muchos textos y en las grandes síntesis también. Por ejemplo, en Buffon es muy obvio o en las Lecciones sobre la Filosofía de la Historia (1918-1935) de Hegel también. Era un tema fundamental en las primeras grandes síntesis alemanas en la segunda mitad del XIX. Se pensaba que esa gente no tenía instituciones porque no estaban separados de la naturaleza. Como yo ya había leído esas cosas, me pregunté 'si tanta gente piensa así… Pueden copiarse unos a otros, de hecho, eran pocos los que habían efectivamente estado allá'. Eso se nota, por ejemplo, en Américo Vespucci, que fue el primero en hacer una indagación etnográfica por lo menos de un mes (no está del todo mal) y luego tenemos a cronistas como Jean de Léry y André Thevet. Y tenemos también la literatura de los grandes sintetizadores españoles como Gonzalo Fernández de Oviedo. Entonces, si tanta gente decía lo mismo debía haber una relación particular de los indígenas con la naturaleza. Y eso fue lo que me atrajo a la Amazonía.

La otra cosa que me atrajo fue justamente la "falta de", ya que hay un escándalo lógico evidente ahí: ¿qué es una sociedad que no tiene nada que le permita identificarse como sociedad? Esa "falta de" debe tener que ver con el hecho de que no se ha visto en realidad en qué consiste la sociedad allí. Si los indígenas de la Amazonía tienen una relación con la naturaleza tan extraña a nuestros ojos es porque la sociedad está extendida mucho más allá de la población humana. Todo eso configuraba, en ese momento, una vaga idea que me había interesado. Y finalmente estaba también el carácter anárquico de estos grupos indígenas. Yo no tenía ninguna predilección por esas grandes máquinas estatales que algunos de mis colegas más viejos (Terray o Tardits) estaban describiendo en África, con una división fuerte en la organización del trabajo, la dominación de los ancianos sobre los jóvenes, reinos, etc. Los historiadores habían descrito cosas similares antiguamente en Europa o alrededor del Mediterráneo, por eso no era tan sorprendente para mí como sí lo era la situación de las Tierras Bajas de Sudamérica. Como pueden ver, fue toda una mezcla de factores la que me decidió a ir a la Amazonía.

José Isla — Cuando uno vuelve del terreno y ya terminó de leer los libros que llevaba y ya se produjo también ese efecto de des-aprendizaje del cual hablábamos, entonces se produce la sensación y la experiencia de un gran vacío y una suerte de ansiedad que solamente se ve aminorada si uno tiene una o dos ideas surgidas de la experiencia de campo que pueden resultar interesantes, al menos para uno. ¿Cuáles eran las ideas que venían en la mochila, Philippe Descola, cuando abandonó la última casa *achuar* en el camino de vuelta al Viejo Mundo?

Philippe Descola — Obviamente que no tenía sentido una distinción entre naturaleza y cultura.

José Isla — ¿Eso ya estaba presente en ese momento?

Philippe Descola — Completamente. En ese entonces, yo razonaba en los términos de Godelier y consecuentemente había ido al campo a estudiar formas de adaptación material e ideal al medio ambiente. Y me di cuenta de que no había tal adaptación, porque el medio había sido, en parte, construido. Esto se confirmó después con los trabajos de arqueología y etnobotánica que se hicieron en otras partes de Amazonía. Además, la "adaptación" se piensa como adaptación a un ámbito que es exterior a la sociedad humana y, en este caso, no era algo exterior porque la gente mantenía contactos permanentes con los no-humanos tratados como personas. Eso fue el gran choque. Aunque, en realidad, eso hubiera debido no sorprenderme tanto, porque cuando uno lee *Las Formas Elementales de la Vida Religiosa* de Emile Durkheim (1912), por ejemplo, se encuentra con que está lleno de cosas así. Pero como estudiante —posiblemente por la educación filosófica— cuando leía a James Frazer o Durkheim o a los otros grandes ancestros que hablan de estas cosas, yo veía todo esto como creencias —no diría supersticiones, pero sí creencias—. Un sistema de ideas que se superponían, de cierto modo, a las prácticas. Tal vez, también, las veía como falsa conciencia por la tradición hegeliano-marxista que constituía un componente fuerte de mi formación filosófica (el otro componente era la fenomenología). Me sorprendió ver que no eran sólo ideas sino formas de vivir cotidianamente y de orientar las prácticas. Y eso a pesar de que me había impresionado mucho el *Esbozo de una Teoría de la Práctica* (1972) de

Pierre Bourdieu. Lo leí cuando salió y me había impresionado porque ya no había una distinción entre ideas y prácticas: había prácticas que llevaban consigo su dimensión ideal, pero que no se podía separar las ideas de las prácticas. El descubrimiento del trabajo de campo fue eso: no son ideas, no son teorías filosóficas, son realmente una manera de vivir.

Regresando a la figura de la mochila, no regresé del trabajo de campo con una idea sino con un problema: ¿cómo describir todo eso?, ¿cómo describir un mundo en el cual no se separa nítidamente la naturaleza de la cultura? Era un verdadero problema porque no había un precedente para esto. Tanto los marxistas como los estructuralistas hacían esa distinción, por razones distintas, pero la seguían haciendo. Tuve entonces que inventar mi modo de proceder, para hacer la Tesis doctoral primero y para continuar indagando en esa temática después. Todo esto pude hacerlo porque afortunadamente fui nombrado en la École des *hautes études en sciences sociales* y tuve mi propio seminario. Pedí hacer un seminario porque en esa época los *maître de conférences* no tenían la obligación de dictar clases. Y fui a ver a [François] Furet quien era el presidente de la EHESS y le dije: "yo quiero dictar un seminario de investigación", "¿sobre qué?" —me preguntó—. Entonces, traté de explicarle y me miró muy sorprendido porque el título que había propuesto para el seminario era "Problemas de Antropología de la Naturaleza". No iba a ser directamente "Antropología de la Naturaleza" porque era un poco grandilocuente, entonces fue "Problemas de Antropología de la Naturaleza" que era un poco más humilde.

José Isla — ¿Desde un comienzo ya era esa la orientación?

Philippe Descola — Sí, sí, ya en 1984.

Lévi-Strauss, Latour, Sahlins, Viveiros de Castro y otras influencias

Juan Carlos Skewes — ¿Cuál fue la opinión del Profesor guía, en este caso, Claude Lévi-Strauss?

Philippe Descola — Él siempre me dejó hacer lo que quería. Lévi-Strauss detestaba a la gente que trataba de mimarlo e imitarlo. Tener un estudiante, que después fue un joven colega, que hacía cosas que, de cierto modo, utilizaban su método —porque creo que lo que hice es, en gran parte, debido a la metodología estructuralista— pero que, al mismo tiempo, tenía posiciones que eran distintas de las suyas, no le planteó ningún problema. Me acuerdo que, mucho después, cuando le di *Más allá de Naturaleza y Cultura*, lo leyó y me dijo: "si yo tuviera veinte o treinta años menos, regresaría nuevamente a este problema y reharía todo". No hubo problemas en este sentido y, en particular, porque él trataba de promover problemáticas que se apartaban de las suyas y que pudieran constituir vías nuevas que no repitieran simplemente lo que él había hecho. Por lo demás, él lo había hecho tan bien que era absurdo repetirlo. Entonces, regresé con un problema en la mochila…

José Isla — Cuando usted dice que "había un mundo en el que no existía la diferencia entre naturaleza y cultura" —frase que después hizo historia— ¿ya existía el concepto de que esto no era sólo un problema epistemológico o de enfoque, sino ontológico?

Philippe Descola — No, todavía no. Las herramientas teóricas crean habilidades. Pasa el tiempo y uno se da cuenta de que las herramientas que uno utiliza ya no funcionan. Entonces, muy básicamente, al regresar del trabajo de campo yo había desarrollado la idea de una "socialización de la naturaleza". Esto se nota en *La Nature Domestique,* mi Tesis doctoral. Esta todavía era una idea muy clásica, que se nota también en las publicaciones posteriores hasta finales de los años ochenta. Entonces, comencé a tomar una posición un poco distinta porque me parecía —y me parece todavía— que hablar de socialización de la naturaleza era sencillamente reconducir una posición durkhemiana clásica en el sentido de que hay un medio ambiente y los humanos van a socializar dicho medio. En ese momento, eso ya me pareció insuficiente para tratar de resolver este tipo de problema. De todos modos, este desplazamiento fue muy paulatino y fue antes que nada el resultado del seminario en la EHESS, de esta posibilidad que se me ofreció para leer y discutir una gran cantidad de etnografía, absorberla y ver cuáles eran las diferencias y las similitudes con mi propia experiencia etnográfica. Esto, por un lado. Por otro lado, la otra ventaja muy importante que derivó de esto fue la discusión con colegas. No tanto en Francia, ya que la gente no entendía muy bien lo que estaba haciendo por aquel entonces, pero con colegas de otros países. Sorprendentemente, en Francia con quien empecé a discutir sobre estas cosas, de forma muy detallada, fue con Bruno Latour, que no era un etnólogo clásico sino un sociólogo de las ciencias, pero que había hecho el mismo tipo de revolución en torno al análisis etnográfico de la producción de la ciencia. En el exterior, me encontré con Eduardo Viveiros de Castro a fines de los años setenta y nos reuníamos regularmente en Brasil o en Europa a discutir horas. Alguien con quien discutí mucho también fue Tim Ingold —aunque, en la actualidad, nos separamos más y más—. Y con Marshall Sahlins, que se ha convertido en un muy buen amigo, y que también tenía esa complejidad porque, de cierto modo, era el más estructuralista de los antropólogos norteamericanos, pero también ponía mucho peso en la historia. Entonces, fue a través de esas discusiones con un reducido número de personas, leyéndolos o cuando me hacían críticas, que se forjaron paulatinamente estos instrumentos. Pero todo esto tomó tiempo. Por ejemplo, en *La Nature Domestique*, que fue escrito a partir de mi Tesis en 1983 y publicado en francés en 1986, así como en un artículo que publiqué en inglés (en un libro editado por Adam Kuper) que se titula *Societies of Nature and the Nature of Society* (1992), aún la problemática gira en torno a la clásica idea de la socialización de la naturaleza. Luego de eso, un segundo artículo que ha tenido bastante influencia fue el que publiqué en el libro que coedité con Gísli Pálsson (2001). Ahí ya la problemática ha cambiado de posición. Ha cambiado de posición justamente a través de estas largas discusiones a lo largo del tiempo con mis colegas. Entonces, si uno quiere hacer la historia de las ideas se nota cómo, a través del tiempo, los conceptos cambian. Pero lo que importa —como ya dije— es el problema. El problema que me animó. Ya que esta distinción entre naturaleza y cultura no vale entre los *achuar* ¿cómo hacer entonces para entender las relaciones entre humanos y no-humanos? ¿Cómo entender esta relación de forma comparativa, si uno quiere escapar a la simplicidad de esa distinción que se pensaba era universal? Entonces, como se puede ver, fue en realidad un programa de investigación muy sencillo el que me fijé al regresar del trabajo de campo.

LA ONTOLOGÍA COMO CONCEPTO ANTROPOLÓGICO

Marcelo González — Si uno visualiza su obra como parte del desarrollo de la teoría antropológica, se la podría ubicar o considerar como un antecedente fundamental o punto de inflexión en el desarrollo de lo que contemporáneamente se llama el "giro ontológico". ¿Usted lo considera así?, ¿Y qué opina del uso que se le da a la palabra "ontología" en antropología contemporáneamente?

Philippe Descola — Yo empecé a usar el término "ontología" hace unos veinte años, justamente para hacer hincapié en una cosa que me parecía importante: que había que ir más allá de las formas instituidas que son las sociedades, los paisajes, las instituciones. Esto fue captado por un público más amplio y luego reducido a una especie de revolución casi leninista de un grupo de gente. Usualmente se menciona a Viveiros de Castro, Latour y a mí como los antropólogos empeñados en cambiar las ciencias sociales a través de una especie de complot general. Sí, queremos cambiarlas, de eso no hay dudas. Pero, en realidad, las nuestras son trayectorias un poco distintas. La cosa que compartimos —supongo, pero no estoy seguro en realidad—es considerar que las formas visibles en que las ciencias sociales presentan la existencia social en mundos no modernos —o inclusive, en el caso de Latour, en mundos modernos— no son las adecuadas para dar cuenta de esas formas de vida social. Entonces, hay que concebir otras formas y otras herramientas para hacer eso.

Es extraño porque Viveiros de Castro y yo venimos del mismo molde que es el estructuralismo. Hay en el estructuralismo la posibilidad de hacer eso porque lo que interesa a Lévi-Strauss no son sociedades como tales, sino modelos que den cuenta de fenómenos que son parte social, parte natural. Entonces, no hay problema si uno es fiel al método estructuralista. No está ahí el problema. Latour viene de la semiótica y del pragmatismo. El paso que hizo él fue muy interesante, pero procedente de un conjunto conceptual, intelectual y teórico totalmente distinto. Nos encontramos en el mismo proyecto, pero no lo desarrollamos como una máquina de guerra conjunta. Entonces el "giro ontológico" es solamente una etiqueta cómoda que se utiliza. Yo nunca uso este término para definir, pero es más fácil clasificar. Ahora, Eduardo Kohn —a quién conozco, es un viejo amigo y aprecio mucho lo que está haciendo— está usando la terminología clásicamente norteamericana de *postontología* o *postontologismo*[12]. Siempre existe esa obsesión de clasificar, de problematizar las cosas para arraigarlas o vincularlas a grandes modelos o patrones intelectuales. En este caso, son dos líneas que se han cruzado y que (eventualmente ahora) se apartan también.

REGÍMENES ONTOLÓGICOS, LA HISTORIA Y LA HISTORIA ESTRUCTURAL

Juan Carlos Skewes — Hay una crítica común que se podría proyectar desde los tiempos de Lévi-Strauss hasta la fecha, que alude al tema de la Historia y a las representaciones de los mundos como mundos en sí mismos. Esto hace que uno se pregunte ¿qué significa ser no-moderno en lo contemporáneo? ¿Existe aquello que podemos denominar no-moderno? ¿Cómo se relacionan estas ontologías con el Imperio? ¿Cómo se relacionan con los grandes seres ontológicos que están definiendo la cancha? y ¿cómo reacciona usted frente a esto?

Philippe Descola — Bueno, la Historia... Francamente, para mí es un régimen de temporalidad específico, para hablar en términos de François Hartog[13]. Decir

---

12 *How Forests Think: Toward an Anthropology Beyond the Human*. Berkeley: University of California Press, 2013.

13 *Régimes d'historicité : présentisme et expériences du temps*. París: Seuil, 2003.

que la Historia viene como algo que transforma todo, me parece una tontería total. Hay eventos, obviamente. Las cosas cambian todo el tiempo. Hay eventos y hay conflictos. Toda la vida humana —durante los aproximadamente doscientos mil años que ha existido el *Homo sapiens*— está entretejida por pequeños cambios diarios. La Historia es algo distinto. La Historia es una *storia*, una forma de escribir y conceptualizar el transcurso del tiempo y el efecto del transcurso del tiempo en la vida humana. Decir que hay que tomar en cuenta la Historia no significa nada. Hay que tomar en cuenta los eventos, obviamente, pero no la Historia como tal. Porque la Historia precisamente forma parte del régimen ontológico. No es una cosa que explica, es una cosa que hay que explicar. Del mismo modo en que hay que explicar lo que es una sociedad o lo que es social y lo que no lo es o que hay que explicar lo que es humano y lo que no lo es. A eso hay que responder. Hay que responder a cómo los eventos permiten transformar lo que llamo comúnmente "modos de identificación" más que ontologías. Eso es el empirismo terrible de nuestros colegas norteamericanos —porque la crítica viene, sobre todo, de Estado Unidos—. Esos modos de identificación no son descripciones de la realidad, son modelos que permiten comprender las lógicas, las sistemáticas de las combinaciones y las transformaciones de un sistema a otro. No son ni describen realidades empíricas. Para construirlos utilicé, obviamente, realidades empíricas, porque ¡no vuelo por las nubes!

Muy a menudo se da el caso que llega un estudiante a verme para hacer un doctorado y me dice: "quiero estudiar este grupo analogista" y yo le digo que no se trata de un "grupo analogista". El modo de identificación analogista no es un instrumento de clasificación de las sociedades, no es una taxonomía. Eso es lo que hay que entender. Los modos de identificación son modelos y un modelo solamente es eficaz cuando se lo utiliza para hacer experimentos. Decir que un modelo como tal implica que las sociedades no cambian es algo absurdo porque el modelo solamente propone líneas directrices que permiten entender cómo se da la transformación, no se prejuzga, de ningún modo, lo que va a suceder. Eso resulta de la investigación concreta para ver cómo algunos casos se combinan o algunos casos no se combinan. Esto es algo muy difícil por una variedad de razones. En particular porque yo no soy un Pico della Mirandola y mis competencias etnográficas —a pesar de leer mucho— no me permiten manejar todo. Entonces, lo que me interesa cuando un sinólogo me dice: "me interesa estudiar tal fase de transición en la historia china y creo que el concepto de analogismo es útil, esto es lo que quiero hacer con eso…", discuto con él y sí me parece muy interesante. O cuando un historiador de la Edad Media me dice: "hay una forma totalmente distinta de representar los animales, no solamente de representarlos en imágenes sino también de escribir sobre ellos, donde se nota un cambio en el siglo XIII que parece anticipar ciertos rasgos de la naturaleza…". En este caso sólo lo escucho con atención ya que no tengo competencias sobre ello. Los modos de identificación son herramientas heurísticas que permiten entender qué es lo que cambió. Porque cuando uno estudia al cambio se tiene que estar más o menos atento al hecho de qué es lo que cambia. ¿Qué es lo que cambia? ¿Cuál es la diferencia entre la sociedad francesa del siglo XVIII y la nuestra actual? ¿Cuáles son los elementos que nos permiten decir que ha habido un cambio? Obviamente, vamos a decir que ahora hay trabajo asalariado generalizado y muchas otras cosas. Pero, aparte de consideraciones superficiales, ¿cuáles son las bases de la identidad y de las transformaciones? Creo que con estos modelos que son los modos de identificación se puede, por lo menos, progresar un poco en esta tarea de entender las cosas.

En cuanto a las transformaciones... Yo, por falta de conocimiento empírico general, cuando me interesé en el asunto traté de ver cómo un sistema cambiaba en el espacio y no en el tiempo. Es decir, cómo —y lo hice en *Más allá de Naturaleza y Cultura*— saliendo de América del Norte uno podría pasar de un sistema al otro al cruzar el Estrecho de Bering, Siberia y al bajar hacia el sur, a Mongolia. Haciendo eso se podía notar que había ciertos elementos que seguían presentes, otros que iban desapareciendo y otros nuevos que se incorporaban. Así que, en vez de seguir una línea temporal, se podía ver cuáles eran los elementos que habían desaparecido y cuáles eran los nuevos que permitían que, de repente, hubiera un salto y nos encontráramos en un sistema analogista totalmente diferente del punto de partida, a pesar de que muchos de los elementos aún estaban presentes. Este es un tipo de *historia estructural* como lo que hacía la *historia regresiva* de Marc Bloch, por ejemplo, o lo que hacía Marx (en los *Grundrisse* [1857-1858] en *Las Formas que Precedieron a la Producción Capitalista*). Se define una estructura —y eso Godelier lo demostró muy bien— y se define cuáles son las formas de producción capitalista, cuáles son las bases del modo de producción capitalista. Tal y tal elemento. Pero, ¿de dónde vienen esos elementos? Entonces, se hacen genealogías regresivas, saliendo del presente para ir hacia el pasado y ver cómo esos elementos se construyeron progresivamente y, en un momento, tenemos un salto y tenemos un nuevo modo de producción. Esta me parece una perspectiva más valiosa. Mucho más que decir "historia, historia, historia" como una especie de encantamiento.

El problema del paisaje y la transfiguración

José Isla — Podemos decir que con *Más allá de Naturaleza y Cultura* se formaliza un argumento que venía desarrollándose ya en *La Selva Culta.* Entonces, con *Más allá de Naturaleza y Cultura* uno llega a un estado más o menos resuelto de un tema y se formaliza este argumento ontológico. Podemos decir que definitivamente aquí ya hay una herencia, un tema desarrollado. Eso implica también que termina una etapa en su trabajo. Después de eso, a mí me sorprendió mucho que hubo un giro hacia problemas como la imagen y también un conjunto de cursos en el Colegio de Francia sobre el paisaje (2011-2014). Se trata, sin duda, de una discusión que tiene una particularidad francesa, pero también tiene un eco que nos afecta a todos. ¿Podría profundizar en la intención antropológica que hubo de fondo en este desplazamiento hacia el tema del paisaje?

Philippe Descola — Eso es una vieja preocupación mía, que sale probablemente del hecho de que me gusta andar por paisajes hermosos, para decirlo sencillamente, que adquirí de niño con mi padre y con mi abuelo. Mi familia paterna es originaria de los Pirineos Centrales, entonces cuando yo era niño salíamos para hacer largos recorridos. También esta preocupación resulta de mi interés por la pintura del paisaje, así como de mi insatisfacción con la forma en la cual se trataba el paisaje en las ciencias sociales. Está el paisaje de los geógrafos que se extendió hacia la antropología y la historia. En este sentido, el paisaje es un espacio humanizado y transformado por los humanos, en el cual se puede leer la acción humana. No tengo nada en contra de esta definición. Es un uso entre otros. Otro uso fue concebir el paisaje como una perspectiva subjetiva sobre el espacio y es en este sentido que vuelvo a la cuestión que siempre me interesa: la cuestión del universalismo, que es una vieja cuestión antropológica. ¿Existen paisajes en todas partes o no? ¿En todas partes la gente tiene una relación con el espacio en forma de paisaje tal y como se definió en Europa en cierto tiempo, o antes aún en China?... ¿o no? Si el paisaje es sólo un concepto descriptivo por el cual se designa el hecho de que todo el planeta está antropizado, eso me da igual. Pero si se dice que paisaje corresponde a una visión subjetiva del espacio, eso ya es otra cosa. Entonces, yo quiero tener las pruebas de que esa concepción local constituye un paisaje que podría ser más o menos semejante a las concepciones que tuvimos del paisaje en Europa, además con dos genealogías muy distintas entre los siglos XIV y XV. Eso representaba una insatisfacción mía con la idea de que se puede hablar de paisaje simplemente desde el momento en el cual hay una perspectiva subjetiva. La otra insatisfacción es con la escuela francesa del paisaje —estoy pensando en Augustin Berque, Alain Roger y otros geógrafos y filósofos— que, contrariamente a la perspectiva anterior, definen el paisaje de forma muy restrictiva. Desde esta perspectiva se necesitan una serie de criterios muy estrictos para hablar de paisaje: un término lingüístico específico para designar lo que llamamos paisaje, que haya *jardins d'agrément* [jardines de agrado], que haya una forma literaria que describa la belleza del paisaje. En fin, todo eso me parece demasiado restrictivo.

Toda esta reflexión sobre el paisaje surgió también de una experiencia que fue muy formadora para mí en el trabajo de campo —por eso, nuevamente, la importancia de la etnografía— y que cuento en *Las Lanzas del Crepúsculo*. El mundo selvático es muy cerrado y especialmente entre los *achuar*, con un hábitat bastante disperso. Cuando uno sale de una casa está la huerta e inmediatamente comienza la selva. No existe esa profundidad visual a la cual estamos acostumbrados en medios más abiertos como en los países templados. No hay horizonte. Eso yo lo sentía pero difícilmente podía ponerlo en palabras. No es desagradable andar en la selva, además lo suelo hacer en Francia también. El caso es que nos fuimos a visitar otro caserío —un grupo de cuatro o cinco casas dispersas—. Nos fuimos con los *achuar* a visitar otra agrupación, a dos días de camino. Después de haber caminado en una selva muy tupida llegamos a un gran río, el río Pastaza. Es un gran río, con brazos. Se veía la selva al otro lado y nos sentamos para esperar que nos vinieran a recoger en canoa del otro lado. Yo estaba sentado al lado de un hombre que iba a ser mi amigo ceremonial. Él me miró y me dijo lo que interpreté como "es hermoso". En el libro digo que ese fue el único juicio estético que jamás escuché sobre un lugar. Pero después, regresando del campo, comencé a reflexionar sobre esto: ¿era realmente un juicio estético? En el idioma *achuar* —como en muchos otros en la Amazonía— "bello", "bueno" y "correcto" son sinónimos. Entonces, me convencí que lo que mi amigo quería decir era sencillamente: "estamos bien, hemos caminado mucho pero vamos a tener mucha chicha y a comer carne, al otro lado nos van a acoger bien". Entonces, lo que yo veía, lo que era para mí un paisaje, es decir, horizontes con planos distintos y un gran cielo con nubes, lo que veía yo era la pintura de paisaje de Holanda, de las marinas, de las pinturas del litoral que me eran muy familiares. Y el sentimiento de alivio, después de semanas y meses de estar encerrado en la selva, de ver un paisaje. Lo que hice entonces es una cosa que no se debe hacer: proyecté sobre mi compañero mi propia perspectiva de lo que es un paisaje.

Esa experiencia me llevó a reflexionar acerca de cómo se podría concebir un paisaje separándose de la representación pictórica. La representación pictórica juega un papel exorbitante. Eso es una cosa que los historiadores del arte han expuesto muy bien. Uno ve un paisaje porque ha tenido la experiencia de ver pinturas de paisajes. Es un ajuste de dos cuadros de visión. O fotos, dependiendo del nivel de educación cultural. Entonces, si uno quiere ir más allá de eso, si tratamos de escapar de esa idea de que solamente hay paisaje donde hay representaciones del paisaje, ¿cuál sería el carácter distintivo del paisaje? Me pareció que era la transfiguración. Es decir, la transformación de una figura a otra —como se dice de la transfiguración de Cristo— que des-vela algo. Eso se puede hacer a través de representaciones *in situ* —tomé prestada la distinción entre *in situ* e *in visu* de Alain Roger[14]—. *In situ*, es decir, como es el caso de los jardines de agrado que representan, transfiguran un lugar al recombinar los elementos con vegetación para desvelar una característica del lugar. O también esto se puede hacer *in visu*, a través de representaciones más o menos miméticas, que no son necesariamente pinturas, que pueden también ser representaciones en tres dimensiones. Entonces empecé una búsqueda mundial de esas formas.

Les voy a dar un ejemplo que es interesante en relación a lo que dije de la experiencia que tuve al borde del Pastaza. Me parece que los *achuar* efectivamente tienen paisajes pero, en este sentido, de la transfiguración, porque sus huertas son justamente transfiguraciones, representaciones en miniatura de la selva. Esta es una idea que había desarrollado Clifford Geertz en *Agricultural Involution*[15] en Bali, que me parece muy valiosa, porque hay toda una serie de elementos que apoyan la idea de que los *achuar* están totalmente conscientes de que sus huertas son representaciones de la selva en miniatura. No

---

14   *Court Traité du paysage*. Mayenne: Gallimard, 1997.
15   *Agricultural involution: the process of ecological change in Indonesia*. Berkeley and Los Angeles: University of California Press, 1963.

voy a entrar en los detalles etnográficos, pero eso significa que aunque la forma del paisaje *in visu* no existe, eso no significa que no haya una representación *in situ*, como es el caso de las huertas. Entonces hice una especie de exploración para ver distintas formas de transfiguración, para tratar de escaparme de esas conceptualizaciones un poco pobres del paisaje.

Juan Carlos Skewes — En ese sentido, el paisaje es un proceso metabólico… Acá tenemos lo mismo con respecto a las huertas mapuches. Claramente uno puede ver la casa como un "afuera" de la selva, del bosque o verla como una prolongación del bosque.

José Isla — Pero allí hay un problema interesante. Es un tema que se discute mucho en Chile, por las distintas influencias que tiene la antropología chilena. Se trata de que, efectivamente, existe un límite para este discurso del paisaje. Para sacarlo de este concepto rígido del paisaje que plantea Berque y la escuela francesa —que también tiene su utilidad pues le confiere una especificidad al problema del paisaje—, *versus* esta suerte de hipostasis anglosajona donde el paisaje aparece como un sinónimo del "mundo vivido" o incluso del "mundo de la vida" y, por ende, todo es paisaje. ¿Cómo encontrar allí una tercera posición o un término medio?

Philippe Descola — Bueno, la tercera posición es la que propongo. Es por eso que traté de presentarla, porque no estaba satisfecho ni con una ni con otra.

José Isla — Es que su posición aparece más como una crítica de la noción restrictiva (francesa), pero no de la noción "hipostasiada" (anglosajona), entonces si todo es paisaje…

Philippe Descola — Bueno, pero eso no me parece tener ningún interés. Si todo es paisaje, entonces no vale la pena usar el término. "Todo es paisaje" ¿y qué? ¿qué pruebas tengo de eso? Hay un libro sumamente extraño de un abogado del *tout paysage*. Es un arqueólogo que se llama Christopher Tilley que ha escrito un libro que se llama *A Phenomenology of Landscape* (1994) en el que dice que muestra lo que era el paisaje de la costa sur de Inglaterra para los habitantes de esa costa en el Paleolítico. ¿Qué pruebas tiene? La prueba es que cuando estoy aquí en este lugar que fue ocupado puedo ver otro lugar que fue ocupado, pero ¿qué prueba tengo yo de que es un paisaje? Claro que es una buena cosa poder observar otros sitios, pero ¿qué prueba tengo de que escogieron este sitio por esa razón? Se puede usar (no tengo objeción), pero solamente para decir que la gente escoge un sitio en el que hacer sus viviendas no por azar, sino que tiene razones para hacerlo.

Juan Carlos Skewes — Yo estoy en la hipostasis espacial, pero etnográficamente esto está ahí, esta síntesis, este metabolismo espacial que a mí me permite discernir como transeúnte —o al residente como residente— que es muy clara la diferencia entre un paisaje y su vecino. Por ejemplo, puede haber ochocientos metros entre una comunidad mapuche y una comunidad chilena, ambas son rurales; pero están construyendo un mundo diametralmente distinto… y ellos sienten eso. A mí me sirve el concepto para discernir uno de otro.

Philippe Descola — Estoy totalmente de acuerdo con la idea de que tienen una ocupación espacial distinta y que esa ocupación tiene como resultado que la gente se mueve en un entorno que tiene características diferenciadas.

Juan Carlos Skewes — Construye un entorno, crea un entorno…

Philippe Descola — Sí, claro, pero ¿por qué definirlo como paisaje? El problema es que si usamos el término "paisaje", entonces la definición tiene que tener una conexión mínima con el término *paisaje, paysage, paesaggio* y también en esta doble genealogía que tiene el concepto del paisaje: el *landschaft, landskyp, landscape.*

José Isla — ¿*Paysage* no es simplemente la traducción latina de *landschaft*?

Philippe Descola — No, son genealogías distintas. Toda la familia de *landschaft, landskyp, landskaap, landscape* está basada en una idea de "territorio", mientras que la terminología *paysage, paesaggio, paisaje* está más vinculada a la representación mimética. Son dos genealogías distintas.

Juan Carlos Skewes — El tema del "territorio" para nosotros tiene una dimensión básicamente administrativa, política, instrumental, burocrática. El territorio lo define el Estado y el Estado tiene sus límites. Esta es una mirada completamente externa y ajena para quienes lo habitan; para quienes lo habitan se reconstituye en la función de paisaje u otro término, en donde pueden identificar su especificidad territorial dentro de estos marcos legales.

Philippe Descola — Sí, absolutamente. Yo uso muy a menudo —justamente para criticar la idea de la universalidad del paisaje como dilección estética— una foto que me fue proporcionada por una estudiante belga que trabaja con los *innu* de la costa de la bahía del Saint

Laurent en Canadá y son dos casas que están un poco apartadas, en una reserva *innu*. Una de las casas es de un euro-canadiense, un *québécois*, y está muy cerca del litoral, realmente cerca de la playa, abierta sobre la vista de la bahía del Saint Laurent. La otra casa, a doscientos metros, está un poco atrás y con dos árboles al frente. Es decir, no le importa un pepino a este tipo tener una vista sobre la bahía del Saint Laurent, lo que le importa es estar dentro del bosque. Son dos visiones muy distintas de lo que es estar cómodo en un lugar: una es estética, la otra no. ¿Podemos usar el término paisaje como un concepto traductor para pasar del uno al otro? Eso es lo que me pregunto.

Juan Carlos Skewes — Esa misma prescindencia tienen las comunidades mapuche. Lo primero que pierden es el litoral porque no les interesa. Les interesa el bosque. Entonces vienen los poderes compradores externos y negocian, tal vez ya no tanto, pero hace diez o quince años.

El papel de la antropología en el Antropoceno

Marcelo González — Para terminar, con respecto a las circunstancias políticas contemporáneas: mucho se habla contemporáneamente en antropología y las otras ciencias sociales de la "Era del Antropoceno" para señalar las circunstancias del cambio climático y las urgencias derivadas. ¿cuáles son las posibilidades y las debilidades que usted visualiza con respecto a la utilización de ese concepto? y, vinculado a esto, ¿podemos pensar en el Antropoceno como la primera formulación cosmopolítica propiamente naturalista?

Philippe Descola — Esa es una buena pregunta. Organicé el año pasado, al mismo tiempo que la Conferencia de París (COP21) una gran conferencia sobre el Antropoceno tal como es visto por las ciencias sociales. No fue algo muy original porque se organizaron toda una serie de eventos de este tipo. Lo interesante es que me tomó tiempo darme cuenta de que el Antropoceno no era lo mismo que la antropización. Como antropólogo estuve trabajando gran parte de mi vida sobre procesos de antropización y estoy convencido de que no hay rincón del planeta que no haya sido antropizado. Me preguntaba si el Antropoceno es muy distinto de la antropización y leyendo la literatura sobre el Antropoceno me di cuenta de que, en realidad, sí hay una distinción. La antropización puede tener efectos obvios que son medibles pero no afecta al sistema básico de funcionamiento de la Tierra como lo hace el Antropoceno.

El problema del Antropoceno es, obviamente, que su concepto de *anthropos* es muy abstracto. Puede ser precisado en el sentido que proponen Crutzen y Stoermer[16] al identificar el periodo inicial del Antropoceno los inicios del desarrollo industrial. No lo llaman así, pero se refieren al capitalismo industrial. Es interesante porque no es el *anthropos* el origen del problema, sino que es un sistema. Es un sistema que justamente se puede analizar como sistema para ver en qué consiste, cuáles son sus elementos y cómo cambiar. Hay una especie de fatalismo en decir que los humanos se han convertido en una fuerza geológica. Pero si es un sistema el que altera el funcionamiento de la Tierra, ya es otra cosa. Mi posición es que tenemos que reformular todos los conceptos que han permitido surgir al capitalismo industrial como si fuera una cosa natural. Eso es una responsabilidad de las ciencias

---

16 "The 'Anthropocene'", *Global Change Newsletter* 41: 17-18, 2000.

sociales porque tenemos la profundidad histórica y de los antropólogos, en particular, por la gran cantidad de experiencias etnológicas e históricas que nos permiten hacer esta crítica. Entonces, me parece que es un concepto que hay que usar como un arma, una herramienta reflexiva sobre nosotros, para cambiar el curso. Aunque soy poco optimista... Esto no se va a hacer en unos años y los cambios van a ser terribles. Tengo bastantes amigos que son climatólogos y lo que dicen es bastante escalofriante y se está confirmando año tras año: el mundo a fin de siglo va a ser completamente distinto al nuestro, tanto en términos ecológicos como sociales.

Por eso es que es urgente, más allá de los convenios internacionales, es necesario para nosotros —en particular, en antropología— forjar nuevos conceptos, nuevas herramientas para permitir evitar lo peor. Eso es posible. Cuando hablo con colegas economistas o politólogos, no es que no sean inteligentes, pero ya perdieron la capacidad para ver rumbos distintos. En cambio, nosotros, por nuestra experiencia etnográfica (los historiadores tienen esa capacidad también) vemos todas las alternativas que han existido para construir y componer mundos distintos. Por eso pienso —y me parece confirmado por lo que se está haciendo— que los antropólogos y los historiadores tienen un papel absolutamente fundamental para renovar la conceptualización de las formas sociales tal como las hemos concebido desde hace ya poco más de dos siglos.

Marcelo González — Muchas gracias, Profesor, por esta oportunidad.

Filosofar, aunque de otra manera
Philippe Descola, Emmanuel Alloa y
Mariana Larison[16]

LOS ORÍGENES DE LA CURIOSIDAD DE LOS USOS DEL MUNDO
Y LA INQUIETUD METAFÍSICA

Emmanuel Alloa y Mariana Larison — Philippe Descola, una primera reflexión que nos suscita su decisión de partir hacia el Amazonas a estudiar los *jíbaros achuar*, como lo hizo usted, es por qué una obra como *Tristes Trópicos* (1988) de Lévi-Strauss, vuestro maestro, no lo había disuadido y finalmente advertido contra esa

17   Entrevista realizada en el *Laboratoire d'Anthropologie Social*, París, abril 2018.

suerte de imposibilidad: la de encontrar un mundo como el que pensaba la etnografía clásica y que se encontraba, según *Tristes Trópicos* —esa constatación melancólica, esa especie de canto fúnebre— irremediablemente perdido o que sólo subsistiría en los libros.

Philippe Descola — Bueno, además de su aspecto elegíaco, *Tristes Trópicos* es un libro de una enorme sensibilidad. Sensibilidad que yo ya tenía porque, en realidad, antes de partir hacia el Amazonas, ya había recorrido mucho y desde muy joven diferentes regiones del mundo. Oriente próximo, lejano Oriente, Centro América. Sabía que la curiosidad respecto de los diferentes usos del mundo era uno de los hilos conductores de lo que debía ser mi vida. El Amazonas no era, en ese sentido, verdaderamente un desafío. Debo decir que, antes de ir al Amazonas, había hecho un breve trabajo de campo. En esa época, yo era, como prácticamente todos los jóvenes intelectuales de mi generación, militante político de extrema izquierda. Desde ese punto de vista, la idea de hacer etnología era un poco complicada. Nos interesábamos en las formas de sumisión de los países del tercer mundo al imperialismo mundial. Estudiar los usos y costumbres de esas poblaciones tribales no era una prioridad para nosotros. Yo había comenzado por aquel entonces a hacer un trabajo de campo en México, en una población de indígenas *tzeltal*, que hablaban una lengua maya y que habían emigrado —obligados por los grandes terratenientes— desde su territorio tradicional en los Altos de Chiapas hacia la tierras bajas de la región Lacandona. Había pasado varios meses allí con mi compañera y debo decir que fueron meses muy deprimentes, porque esos amerindios, que estaban familiarizados con las altas tierras de México y que habían construido un sistema de gran complejidad que podríamos denominar socio-cósmico, tenían muchas dificultades para encontrar referencias en el interior de la selva tropical Lacandona, y su disconformidad en cierto modo me había afectado. Después de ese episodio me dije: 'al diablo con los escrúpulos, si se trata de ser un romántico pequeñoburgués entonces mejor ir al corazón del asunto, es decir, al Amazonas profundo'. Debo decir, sin embargo, que no buscaba la autenticidad o lo primitivo. Lo que me interesaba en esa época era comprender el cómo entendían o interpretaban la naturaleza personas que venían de una tradición cultural diferente de la nuestra. Me pareció que para estudiar eso de una forma interesante tenía que dirigirme a personas que tenían un uso, una práctica y una concepción del medioambiente que no había sido afectada —o al menos no mucho— por aquellas propias del capitalistas, propias de las sociedades dominantes. Sociedades donde no había asalariados ni cultura de renta ni cosas de ese tipo. Por eso elegí a los *achuar*, y resultó que descubrí, además, una sociedad que vivía según sus propias reglas, lo que para mí fue un privilegio extraordinario.

Emmanuel Alloa y Mariana Larison — ¿Podría decirse que esa elección fue el resultado, en negativo, de otra elección previa, a saber, el pasaje de la filosofía a la antropología (que había sido su primera opción, como también para Lévi-Strauss)? ¿Por qué decidió dejar la filosofía para dedicarse a la antropología? O. formulado de otra manera: ¿el pasaje de una disciplina a otra implicó, en su caso, efectivamente el abandono de la filosofía?

Philippe Descola — Hay que señalar, en primer lugar, que no sólo Lévi-Strauss dejó la filosofía por la antropología sino que ese pasaje fue un gesto regular, al menos desde Durkheim, dentro de las ciencias sociales francesas, que se constituyeron como tales a partir de su escisión con la filosofía. Un movimiento que además continúa, pues muchos de mis estudiantes han sido filósofos y llegaron a la antropología por sus propias razones. Creo que cada generación llega por sus propias razones. Lévi-Strauss decía que, en su caso, era por una incomodidad con la filosofía del sujeto, demasiado egocentrada. En mi caso, de manera más general, fue porque las cuestiones que se planteaba la filosofía —y eso ya lo sospechaba al leer un poco de antropología—, estaban extremadamente ligadas, no sólo a la filosofía del sujeto, sino a perspectivas propiamente eurocentradas. En este sentido, era mucho más interesante, incluso desde el punto de vista filosófico, estudiar cómo viven las personas una aventura intelectual de manera colectiva que estudiar comentarios filosóficos que se retoman a sí mismos unos a otros, sobre todo en la tradición de la filosofía francesa, que está muy marcada por la historia de la filosofía, por la historia de las ideas de Platón a Heidegger. Se puede decir entonces que ya desde el comienzo de mi interés por la antropología había una dimensión metafísica. Pero lo cierto es que esa es la razón por la que abandoné la filosofía, sin arrepentimientos, teniendo al mismo tiempo el sentimiento —como me lo han dicho posteriormente mis profesores de filosofía— que no he dejado de filosofar, aunque lo haga de otra manera. La diferencia, si se quiere, la expresa muy bien Tim Ingold: "la antropología es la filosofía con la gente adentro"[18]. Toda la cuestión es saber cómo meter *la gente adentro*. En el fondo, esa cuestión es el núcleo del debate que podemos tener en antropología y que yo mismo mantengo con Ingold.

Creo que la situación actual es muy diferente de la que conoció Lévi-Strauss, porque Lévi-Strauss, con cierta perversidad, insistió en enviar pistas falsas a los filósofos, en crear malentendidos, en sembrar cáscaras de

---

18   "Anthropology is philosophy with the people in". Ingold, T. 1992. Editorial. *Man* 27: 693-696.

bananas, por decirlo así, para hacerlos caer. Y esos debates apenas son debates, porque quedaron truncos, ya sea con Sartre, ya sea con Levinas, con Ricoeur, incluso con Merleau-Ponty. En este último caso, lamentablemente no tenemos mucho registro. Uno de los dramas de la temprana muerte de Merleau-Ponty es que no sabemos lo que hubiera sido un verdadero diálogo entre ambos. Sabemos lo que Merleau-Ponty pensaba de Lévi-Strauss porque lo presentó en el *Collège de France*; sabemos menos lo que Lévi-Strauss pensaba de Merleau-Ponty, salvo que sentía por él afecto y admiración porque le dedicó *El pensamiento salvaje* (1962). Pero no sabemos qué hubiera sido en verdad ese diálogo. El texto más merleaupontiano de Lévi-Strauss es *Estructuralismo y ecología* (1972) en el que desarrolla y precisa la relación de la filosofía con el medio ambiente, y que se encuentra bastante próximo del Merleau-Ponty de la *Fenomenología de la percepción* (1957). Pero, una vez más, no sabemos demasiado.

La situación en la época de Lévi-Strauss era entonces bastante complicada, porque los filósofos temían que las ciencias sociales les arrebataran su campo de trabajo, y creo que la situación actual es completamente diferente porque toda una generación de jóvenes filósofos —y esto sucede, en efecto, entre los más jóvenes— comenzó a leer antropología. Lo hacen para reflexionar sobre ella, a la manera en que un filósofo reflexiona sobre la física o la química, es decir, desde la perspectiva de una filosofía de las ciencias. Pero también lo hacen para tratar de ver cómo conceptos producidos por antropólogos, o por poblaciones autóctonas y transformados por antropólogos, tienen pertinencia filosófica. Por tanto, el trabajo que durante mucho tiempo creímos hacer de manera solitaria es acompañado ahora por algunos filósofos. Me parece pues que es una situación excepcional, y que es la razón por la cual la situación metafísica que evocábamos hace un momento vuelve al primer plano. Hay que considerar que durante mucho tiempo se pensó (yo creo que por razones políticas) la diferencia entre las sociedades (la diferencia entre "sociedad sin escritura", para usar el lenguaje lévistraussiano, y "sociedad con escritura"), de manera general, como diferencias epistemológicas. El único que no lo hizo, y que fue muy criticado por eso, fue Lucien Lévi-Bruhl. Él sostenía, precisamente, que se trataba de algo más que de diferencias epistemológicas. Extrañamente, aunque la mayoría de los que estamos asociados al giro ontológico nos encontramos en una filiación lévistraussiana, de lo que se trata aquí es de un proyecto lévibruhliano (aunque no considerado de manera literal, claro) de retomar, desde el comienzo, la cuestión de cuál es el mundo en el seno del cual viven los *bororo* para poder pronunciar enunciados como los que pronuncian. Y no es sólo una cuestión de modos de saber, no es una cuestión sólo pragmática y de modos de enunciación. Es una cuestión más profunda, es una cuestión ontológica, que podríamos formular así: cuáles son las cosas pertinentes dentro de su medio ambiente que [un bororo] detecta y que van a tejer un sistema de sentido y hacer que viva en un mundo de significación completamente diferente del nuestro. Y ese es, evidentemente, un problema filosófico.

LA ANTROPOLOGÍA, LA RESPONSABILIDAD COLONIAL Y LA ALTERIDAD CONSTITUYENTE

Emmanuel Alloa y Mariana Larison — Retomando esta idea, y una de las múltiples definiciones de la antropología propuesta por su colega alemán Karl-Heinz Kohl (2000), esto es, la etnografía y de manera más amplia la antropología como "ciencia de la alteridad", ¿no habría una paradoja en la propuesta misma de estas disciplinas si las consideramos como un estudio de la alteridad, en la medida en que, en el mismo momento en que nos acercamos, convivimos e intentamos aprehender esta "otredad", la volvemos familiar?

Philippe Descola — Para poder responder a la primera parte de la pregunta, me gustaría volver sobre lo que decíamos antes: la antropología hoy, en analogía con la empresa de Lévi-Bruhl, ya no se interesa más por cuestiones meramente epistemológicas. ¿Por qué se interesaba por cuestiones meramente epistemológicas? Por una razón muy simple: por el peso de la responsabilidad colonial. Es muy claro desde los primeros antropólogos, es muy claro en Malinowski, es muy claro en Lévi-Strauss. Lévi-Strauss insiste de manera obsesiva en el hecho de que no hay diferencia entre el pensamiento salvaje y el pensamiento domesticado, sino que simplemente se abordan objetos con métodos diferentes, con focos diferentes. Esta insistencia epistemológica sobre el saber buscaba contrarrestar la idea de que esas personas eran salvajes por naturaleza y de que eran diferentes de nosotros por naturaleza —lo que se le reprochaba, por otro lado, a Lévi-Bruhl—.

Pues bien, lo que nuestra generación pone de relieve no es que esas personas son diferentes de nosotros por naturaleza, ni que sus modos de pensar obedecen a una lógica que no es análoga a la nuestra, sino simplemente que recortan el mundo de una manera completamente distinta a la que estamos acostumbrados nosotros. Entonces, desde ese punto de vista, la alteridad no es una alteridad de hecho, sino una alteridad constituyente, o instituyente. Dicho de otro modo: no son diferentes de nosotros porque piensan distinto que nosotros, sino que son diferentes porque viven en mundos diferentes en función de inferencias que hacen respecto de continuidades y discontinuidades que perciben en los seres y en las cosas, que son diferentes de las inferencias que hacemos nosotros. Y es por esto que hay, efectivamente, una dimensión metafísica.

Si este tipo de reflexión es posible no es porque hay una suerte de alteridad masiva a cuyo encuentro iremos para intentar elucidar sus condiciones de ejercicio o sus fundamentos: es posible simplemente porque nosotros mismos somos "alterados". La alteridad funciona así, somos alterados por esta alteridad. Por esta razón quizás la única definición posible de la antropología sea ésa: de una manera extremadamente simple se podría decir 'el estudio de la relación entre un observador y un observado', porque es la forma más clásica de la descripción; pero, en realidad, es 'la relación entre el que está alterado y el que altera'. Y el alterado es al que tradicionalmente llamamos observador. Ahora bien, sucede también que quien altera puede ser alterado por lo que el alterado dice de él, o por sus intercambios. Por eso se trata de una relación dialéctica, una relación compleja que no es nunca equivalente a una relación simple de dominación colonial. Se ha dicho, con razón, que una de las características —es la tesis de Todorov (1982), por ejemplo, y creo que es correcta— del espíritu de Occidente a partir del Renacimiento es esta especie de doble pulsión de conocimiento y de dominación, ambas ligadas de manera indisoluble. No se trata del conocimiento por la dominación ni de la dominación por el conocimiento, sino que las dos están indisolublemente ligadas. La diferencia, hoy, no es que no haya dominación, sino que esta cuestión ya no se plantea en los mismos términos; y que la alterización recíproca puede funcionar de una manera más equitativa.

Emmanuel Alloa y Mariana Larison — Podría decirse que, en este punto, la antropología se asemeja a la filosofía, en la medida en que ésta pasa su tiempo preguntándose qué es ella misma: qué es la filosofía, cómo practicarla, con qué método. La antropología, en este sentido, también parece pasar una gran parte de su tiempo interrogándose qué es observar, cuál es el objeto de la observación, etc.

Philippe Descola — Sí, y de una manera general, creo que la antropología es la única ciencia social que continúa interrogándose sobre su objeto. Como decía, se lo puede definir, de manera simple, por ejemplo, como la relación de un observador con aquello que observa, luego de haber sido definido de manera empírica durante largo tiempo como el estudio de sociedades primitivas diferentes de la nuestra o como el estudio de nuestras sociedades pero observadas por la observación participante, etc. Creo que sería difícil encontrar, en un grupo de antropólogos, gente que concuerde en una definición simple de lo que es su disciplina. Y eso es raro dentro de las ciencias sociales. Eso me parece, también, un índice interesante del hecho de que la antropología, creo, es más que una ciencia social.

Las formas de la simetrización

Emmanuel Alloa y Mariana Larison — Uno de los autores latinoamericanos más importantes e influyentes dentro del pensamiento antropológico actual es, sin duda, el brasileño Eduardo Viveiros de Castro. Una pregunta que se impone para quien no viene de la antropología es, más allá de las evidencias, ¿cómo se sitúa usted respecto del proyecto —que podríamos caracterizar como una "inversión antropológica"— de Viveiros de Castro? ¿Cuáles son los puntos de convergencia y cuáles los de divergencia entre ambos proyectos?

Philippe Descola — Creo que los antropólogos son conscientes desde el origen, es decir, desde fines del siglo XIX, de que su disciplina es singular también porque exige una forma de simetrización que otras ciencias sociales no tuvieron. Y la simetrización tomó formas extremadamente diferentes, incluso antes de la emergencia de la antropología. Un texto clásico como la *Historia general de las cosas de la Nueva España* (1585), por ejemplo, —el *codex* florentino escrito por Bernardino de Sahagún, que reúne jóvenes de la nobleza azteca para restituir de manera casi enciclopédica cuál era su mundo— es un testimonio de un esfuerzo de simetrización de ese tipo. Incluso si el objetivo último es la conversión, se siente en el trabajo de Sahagún una admiración evidente. O las *Cartas edificantes* (1753) enviadas por los jesuitas europeos desde China, donde también se hace un trabajo de simetrización. Este trabajo terminó siendo condenado por la Iglesia Católica, desde mi punto de vista no sólo por la cuestión de la adaptación de los ritos al contexto local, sino también porque deja ver un deseo inquietante por poner en pie de igualdad regímenes de saberes que, se pensaba en esa época, no podían responder a los mismos criterios. Pienso en cosas menos conocidas, pero que jugaron un rol importante, como por ejemplo *La philosophie bantoue* (1945), del padre Tempels, que era un franciscano flamenco y que hizo una ontología bantú más bien neotomista a partir de elementos del pensamiento bantú.

Por tanto, el trabajo de simetrización es antiguo y da testimonio en cada caso de ese deseo por dar un estatuto casi equivalente al pensamiento "local" y al de la "reflexión" o de la "filosofía occidental", para decirlo simplemente. La empresa de Viveiros de Castro, especialmente en *Metafísicas caníbales* (2010), revela precisamente este tipo de ejercicio que, una vez más, plantea el problema de qué es un pensamiento autóctono extraído de sus condiciones pragmáticas de producción, de enunciación, de recepción, etc., y que, transformado por la escritura en una suerte de *corpus* filosófico, se vuelve algo muy alejado de lo que era en su origen. Un pensamiento que fue, por tanto, y a pesar de la voluntad totalmente honorable de simetrización, profundamente transformado en relación con lo que era. Podríamos preguntarnos, entonces, por los distintos tipos de simetrización.

El de Viveiros de Castro es un tipo de simetrización que plantea la clase de problemas que hemos mencionado. Hay también otro tipo de simetrización, absolutamente clásico en la antropología desde su comienzo, que consiste en tomar un concepto local y darle una amplitud que va mucho más allá de su campo de significación y de agentividad, de potencia de acción en el mundo social en el que emergió: *mana*, *tabú*, *chamán*, *hau*, en fin, hay muchos ejemplos. Es una operación de simetrización que consiste en decir: 'he aquí un concepto original que merece entrar en nuestro repertorio conceptual mundial, universal'. Pero, al hacerlo entrar en nuestro repertorio universal, se le hace perder finalmente la potencia heurística que tenía al interior del campo en el que era empleado para producir una categoría tipológica. En definitiva, procesos de simetrización como éste hay muchos y son característicos de la antropología.

Y luego está también el tipo de simetrización que yo elegí, que me llega a través de Lévi-Strauss (lo que no es una casual): es la idea de grupo de transformaciones. Es decir que, en el interior de un grupo de transformaciones, cada una de las fórmulas —recurso que he empleado para los cuatro grandes modos de identificación— es una transformación de las otras, lo que quiere decir que ninguna de ellas tiene prioridad en relación con las otras ni lógica, ni analítica, ni históricamente. Respecto de esta cuestión hay mucha confusión con la obra de

Lévi-Strauss. Se lo acusó, sobre todo en Estados Unidos, de tener una posición de sobrevuelo, intelectualista, que subordinaba el mundo a formas preestablecidas, cuando, en verdad, se trata de lo contrario. Lo notable de la idea de grupo de transformaciones es justamente que, dentro de un grupo de transformaciones no hay preeminencia de una sobre otra. Esta es mi forma, mi tipo de simetrización.

Entre la práctica y la teoría se encuentra ese esquema fundamental que es la praxis

Emmanuel Alloa y Mariana Larison — Retomando entonces esta idea de los grupos de transformaciones, que redunda finalmente en los cuatro grandes modos de identificación propuestos por usted, y con la idea de que se trata aquí de una reformulación completamente original del programa estructuralista, su filiación a dicho programa —por lo demás expresada ampliamente a lo largo de su obra— no deja lugar a duda. Sin embargo, si las virtudes de esta filiación parecen evidentes y las acaba de señalar, ¿cuáles serían sus problemas?

Philippe Descola — Por los años 60-70 había dos maneras de abordar las relaciones de una sociedad con su entorno: el "materialismo vulgar" del cual ya hablé en las otras dos entrevistas y la variante que veía la naturaleza como una suerte de enciclopedia dentro de la cual el espíritu llegaría a aprehender propiedades de las cosas para construir un sistema significante. Me pareció que, en un caso como en el otro, la práctica se encontraba ausente —y creo que Lévi-Strauss era consciente de esto, sólo que no lo resolvió—. En un texto ya clásico, Lévi-Strauss escribe: 'entre *praxis* y practicas se inserta siempre un mediador, que es el esquema conceptual por la operación del cual una materia y una forma se cumplen come estructura' (1962)[19]. Ese era, en el fondo, el único punto de acuerdo que tenía con Sartre y provenía de su pasado marxista común. Ese esquema de la práctica era, en efecto, lo que me interesaba estudiar en el contexto etnográfico en el que me encontraba, para comprender cómo —en los términos en que lo formulaba en esa época— se produce la socialización en un medio ambiente determinado. Ahora no lo diría así, pero se socializa en efecto a través de prácticas. Luego, en *Más allá de Naturaleza y Cultura* llegué a desarrollar la idea de que, más allá de los grandes modos de identificación, de las inferencias que podemos hacer sobre las relaciones entre los objetos del mundo, es la naturaleza de las cosas que finalmente aislamos lo que hace posible formas de relación entre esos elementos, más o menos obligados, que pueden ser clasificados, y que clasifiqué en seis formas de relación (lo que, dicho al pasar, no tienen nada de original porque se encuentran en el corazón de la reflexión de las ciencias sociales desde su origen). Considero que estos modos de relación juegan un papel fundamental en la medida en que es por la transformación de esos modos que, o bien podemos pasar de un modo de identificación al otro, o bien el modo de identificación varía de alguna manera en la amplitud de los fenómenos que abarca.

Emmanuel Alloa y Mariana Larison — En este sentido, es muy interesante el paso que parecería dar su propuesta estructural en el sentido de lo que Merleau-Ponty designó *cuerpo habitual* o Bourdieu intentó pensar

---

19   Se refiere al texto que contiene la polémica entre Lévi-Strauss y Marvin Harris sobre los palurdos de la costa del noroeste (Harris 1976; Lévi-Strauss 1976).

con la noción de *habitus*, donde se trata de esquemas no sólo inconscientes sino también prácticos, que organizan formas de hacer y de ver el mundo y que, en cierto modo, conducen a la noción de *institución* tal como la pensaba Marcel Mauss cuando la describía como 'maneras de actuar o pensar consagradas por la tradición y que la sociedad impone a los individuos', 'que el individuo encuentra preestablecida, y cuya transmisión se encuentra en general asegurada por la educación' (1901). ¿Qué relación se podría establecer con esta noción de *institución*? ¿Le parece fructífera, pertinente, sobre todo si pensamos en la doble dimensión que ofrece la noción de *institución*, a la vez instituyente e instituida, y que permitiría verdaderamente, en la práctica, la mediación que parece buscar entre las prácticas y la teoría?

Philippe Descola — La institución es lo que estabiliza, lo que es absolutamente fundamental. Lo que permite un modo de relación, una legitimidad y una coherencia en nuestros análisis es el hecho de que podemos estudiar las obligaciones. Si hablamos de institución, hablamos de algo que produce también obligaciones. Se pueden estudiar las obligaciones y coerciones engendradas por una institución. Por ejemplo, cuando hago la distinción entre el don, el intercambio y la predación como tres formas de transferencia, el fundamento es que las obligaciones no son para nada las mismas en el don y en el intercambio. Por eso no estoy de acuerdo con Mauss en la generalización del don como forma primordial del intercambio, de la cual las otras serían derivadas. Podemos sentirnos obligados cuando recibimos un don, pero no existe allí una obligación intrínseca y lo que hace que haya una obligación intrínseca se encuentra en la institución. Es decir que se puede incurrir en el desprecio, el oprobio o algo por el estilo, pero no se pagará el precio, salvo el precio social que no es, por otra parte, demasiado grande. Es en ese punto que la institución es importante, pues finalmente sólo se pueden estudiar las relaciones desde el momento en que son instituidas. Si no, estaríamos haciendo psicología, lo que no tiene nada de malo, pero es otra tarea. Desde mi punto de vista, que es el del antropólogo, el de las ciencias sociales, no es posible estudiar las relaciones antes de que sean instituidas, es decir, antes de que sea estabilizadas en cierta forma.

En este sentido, respecto de la dimensión que usted llamaba 'instituyente', debo decir que soy mucho más modesto: no soy filósofo (bueno, no quiero decir que los filósofos no sean modestos…), soy más pragmático. Las instituciones ciertamente pueden poner en escena su génesis y muchas instituciones lo hacen para reforzar su poder instituyente. Pero no es porque una institución ponga en escena su génesis que se puede tomar esta escena por la génesis misma. Retrospectivamente, puede reconocerse el momento de la génesis, pero nunca se es consciente cuando se lo observa. En el fondo, lo que me interesa de las instituciones es el marco que proveen para optar por una conducta en lugar de otra. En este sentido, soy fiel al origen de la antropología: el origen de la antropología es, a la vez, la filosofía en Francia y el derecho comparado en el Reino Unido. Aunque, en verdad, también en Francia la primera cátedra de Antropología en el *Collège de France* fue una cátedra de Derecho Comparado. Personas que se interesaban por cuestiones de la vida cotidiana, como el intercambio, la propiedad, el derecho de personas, pero de manera diferente.

Subvirtiendo dualidades clásicas. La noción de interioridad

Emmanuel Alloa y Mariana Larison — Una de las consecuencias de la propuesta de *Más allá de Naturaleza y Cultura* (2012) es la subversión de las dualidades clásicas del naturalismo: materia y espíritu, cuerpo y alma, etc. Pero, a pesar de todo, usted mantiene una dualidad invariante, de la que encuentra huellas en todos los colectivos estudiados en la historia, que es la oposición entre *interioridad* y *fisicalidad*. Sin embargo, la noción de interioridad es muy problemática para quien viene de la filosofía contemporánea, que en cierto modo se ha dedicado a vaciar de contenido la idea de interioridad. ¿Por qué mantener entonces esta idea tan problemática? ¿Qué pasaría con su propuesta si se substituyera la idea de interioridad con otras maneras de entender el polo contrario a la fisicalidad dentro de esta oposición, como las de *perspectividad* o simplemente *subjetividad*? En ambos casos se podría, simplemente, pensar en la capacidad de establecer un punto de vista que estructura un campo, que orienta y está orientado hacia ese campo, pero evitar cualquier forma de mistificación de la interioridad.

Philippe Descola — Yo no profundicé en la idea de interioridad. Para mí es un término que sirve para todo, que no tiene necesariamente relación con su uso filosófico tradicional. Pero está fundado sobre una constatación. Usted decía que la filosofía contemporánea trató de eliminar la idea de interioridad, pero eso es algo bastante reciente: en todas las culturas, incluso en la nuestra, se comparte la idea de que la proyección de un individuo humano hacia el exterior pasa por una suerte de facultad o disposición interna. Es esa idea de lo interno la que yo tomé. La idea de perspectiva como lugar desde donde se mira me parece ser un caso particular de la interioridad. Tal vez existe un término más adecuado para definir eso, pero no lo encontré. El término de interioridad era interesante para mí en el sentido en que definía una disposición que podía imputarse a un ser cualquiera, incluso a un no humano, por los efectos que tiene la postulación de la existencia de esa interioridad: se trata de algo que no es visible más que a través de los efectos, en particular de los efectos que provoca sobre los demás. Pero también no es directamente accesible a los otros y es por eso que puede usarse también la noción de subjetividad en tanto se revela como tal a través de la mediación con la subjetividad de las demás. Lo que señalaba es que no hay teoría de la persona humana normal viva que sea una pura interioridad sin fisicalidad o una pura fisicalidad sin interioridad, salvo desde hace poco tiempo con el programa naturalista en filosofía y neurociencias. Pero incluso en Condillac, en el materialismo clásico, hay un residuo subjetivo. Es el programa naturalista que acentuó el hecho de que la interioridad es una ilusión, una propiedad emergente. Pero es algo muy reciente, y muy reciente también en la historia de la humanidad.

Emmanuel Alloa y Mariana Larison — En ese punto podría objetarse que, en la filosofía antigua, sólo por tomar el caso de Aristóteles, no encontraríamos ninguna huella de interioridad. El alma aristotélica es el ser tendido hacia algo, un ser hacia; el ser vivo es ser hacia otra cosa. Y allí no habría ninguna interioridad, que más bien es una idea muy cristiana, que vino después.

Philippe Descola — Tal vez el término que usé es torpe, pero lo objetado corresponde para mí totalmente con una dimensión de la interioridad: el hecho de que haya una tensión interna del existente hacia algo, y que sólo podamos ver los efectos de esta tensión interna corresponde a la idea que tengo de interioridad. Probablemente no es un buen término porque tiene un pasado, una historia, pero la verdad para mí eso no es muy importante porque, finalmente, lo que me interesa —tal vez en razón de mi formación filosófica— es anclar el modelo que propongo en proposiciones generales. En virtud de un gusto por la simplicidad de la navaja de Ockham, preferí proposiciones que fueran lo más simples posibles. El uso de la oposición entre *interioridad* y *fisicalidad* produce, si se quiere, una suerte de experiencia de pensamiento inicial que es un poco simple, pero a mí no me importa la simplicidad de esta experiencia de pensamiento, sino el rendimiento que permite.

Al mismo tiempo, reconozco que hay un aspecto ambiguo en el estatuto de este modelo. El modelo de los modos de identificación lo elaboré porque me permite captar fenómenos, definirlos y combinarlos. Al mismo tiempo, lo basé sobre facultades o características que veo como universales: la interioridad y la fisicalidad. Incluso si suprimiera las disposiciones sobre las cuales el modelo se fundamenta, me parece que él guardaría su pertinencia y rendimiento.

Emmanuel Alloa y Mariana Larison — Parece encontrarse usted aquí con el mismo problema que Viveiros de Castro en su tentativa de "desantropologización" de la antropología: es decir, de quitar a lo humano el privilegio de ser humano y extender el hecho de ser persona, de tener una interioridad, a otros tipos de existentes, descentrando así la perspectiva de lo humano. Pero esto nos lleva nuevamente a una antropologización, a una prioridad de la perspectiva de lo humano —ahora extendida a otros existentes— incluso allí donde la antropología busca descentrar el papel de lo humano.

Philippe Descola — Si, totalmente de acuerdo: es muy difícil escapar a la definición inicial de nuestro objeto, cualquiera sea la forma que busquemos para escapar de ella. Mi tentativa, y me parece que también la de Viveiros de Castro, es la de la "deseurocentrización" (una palabra horrible, lo sé) y la "desantropologización", operaciones extremadamente difíciles porque están siempre mediadas por el vocabulario europeo y por el punto de vista humano.

Del mobiliario del mundo al agente icónico

Emmanuel Alloa y Mariana Larison — Para finalizar, y yendo ahora a otro aspecto de su trabajo que tiene que ver con las imágenes, nos parece sorprendente ver el contraste entre su propuesta de pensar las imágenes a partir de las cuatro formas de composición de mundos y los debates actuales en teoría de la imagen. En efecto, a diferencia de las ciencias sociales, no hubo en los estudios de la imagen un giro ontológico sino un giro icónico que, para decirlo rápidamente, busca pensar la imagen no como un modo de ser (tal como ha sido pensada clásicamente) sino como un tipo de agente, es decir, de manera dinámica. En este sentido, se busca analizarla a partir de sus efectos. Ahora bien, ¿qué sucede cuando se vuelve a la cuestión del *ser* de la imagen?, ¿qué sucede entonces con la dimensión dinámica, de movimiento o agentividad de la imagen a partir de sus efectos?

Philippe Descola — Mi definición de imagen, la que me parece más pertinente y fecunda, es la de "agente icónico". Se trata por tanto de un agente, en el sentido del actuar. Un agente que tiene el poder de actuar pero en ciertas circunstancias, y donde la pragmática de la imagen juega un rol fundamental. Es icónica, no en el sentido de que figure o represente algo determinado, sino en el sentido de que figura, de manera más inmediata que mediante el discurso, una forma o una relación, una presencia en el mundo. En verdad, me interesé en las imágenes por eso. Después de *Más allá de Naturaleza y Cultura* (2012) me dije: 'si lo que propongo es pertinente, el tipo de contrastes que puse en evidencia no sólo deben poder aparecer en sistemas discursivos, sino también en sistemas de otro tipo, es decir, en las imágenes'. Por eso comencé a interesarme en las imágenes, como una forma de experimentar. La exposición que realicé en el *Musée du quai Branly*[20] es, en este sentido, una experimentación dentro de una experimentación.

Desde mi punto de vista ambos aspectos son importantes. Usted habla del ser: de acuerdo, porque la ontología habla del ser, pero la manera en que entiendo las ontologías es más bien como diferentes formas del mobiliario del mundo, formas que tienen que poder hacerse visibles, porque finalmente el arte —y esto es una fórmula clásica— es volver visible lo invisible. Si el mobiliario del mundo varía, las imágenes deben poder dar cuenta de esa diferencia. No de manera empírica —aunque sí, en cierta medida— sino más bien en los procedimientos que deben ser empleados para hacer visibles ciertas cosas e invisibles otras, y establecer vínculos entre esas cosas y las imágenes. Y yo trabajo en eso. Me abstraigo completamente del debate filosófico…

---

20   Se refiere a la exposición *La fabrique des images*, realizadas en el *Musée du quai Branly* en París, en 2010, en la que Philippe Descola organizó y curó la exposición de más de 160 objetos bajo la hipótesis, expuesta en *Más Allá de Naturaleza y Cultura*, de las cuatro ontologías o grandes formas de composición del mundo.

Emmanuel Alloa y Mariana Larison — Y semiótico…

Philippe Descola — Y semiótico. Porque el debate semiótico se concentró sobre todo en la cuestión de la iconicidad. Pero la iconicidad que me interesa no es en lo más mínimo la iconicidad clásica, en el sentido de Pierce, por ejemplo, o de Williams. No se trata de ver cuáles son las propiedades de un objeto que debemos retener en un ícono para que haya una relación entre el ícono y el objeto. Lo que me interesa es lo que, en el ícono, vuelve perceptible tal o cual configuración de relaciones entre objetos. No se puede, por tanto, separar la cuestión de la eficacia y la del ser: la imagen es una huella fabulosa de líneas de fractura ontológica. Privarse de eso sería absurdo. Al mismo tiempo, es también un agente de la vida social, pero el lugar que ocupa como agente de la vida social varía también en función de configuraciones ontológicas en el seno de la cuales nació. Ambas se encuentran ligadas de manera indisociable, no podemos oponerlas.

Emmanuel Alloa y Mariana Larison — Última pregunta: desde su punto de vista, esta búsqueda en el terreno de las imágenes ¿podría aportar, como sucedió en otras disciplinas, a una crítica de la antropología en la medida en que permanece prisionera de un modelo lingüístico, discursivo y podría encuadrarse así, a partir de su trabajo y el de otros colegas, en lo que se ha llamado el giro icónico?

Philippe Descola — Bueno, no sé si podría ubicarme entre aquellos que harán posible esto, en todo caso es lo que me interesa de las imágenes, aunque con la siguiente paradoja: sólo utilizo imágenes cuyos modos de producción y finalidad conozco. Obviamente utilizo el discurso, como los historiadores del arte, pero no lo utilizo como lo hacen los historiadores del arte, es decir, para contextualizar una imagen, o explicar su simbolismo, o precisar su recepción. Me sirvo del discurso sólo en la medida en que me da condiciones de la eficacia contextual de la imagen. Hay una gran diferencia, por tanto, con las imágenes entendidas como sistemas simbólicos. Me intereso en las imágenes en la medida en que son agentes icónicos. Desde ese punto de vista —y es por eso, tal vez, que se trata de una empresa en cierta forma interminable—, hay que analizar la dimensión icónica (tarea que ya casi he terminado), con un lujo de ejemplos y situaciones justificadas, de manera mucho más coherente, con las ideas que había presentado en la exposición; y también incluyendo la dimensión pragmática.

Pero la diferencia con la dimensión simbólica es que mi manera de abordar las imágenes es también en cierto modo estructuralista, a partir de la noción de grupo de transformación. Un abordaje estructuralista me permite comprender la relación que puede haber entre una máscara de la costa noroeste y una pintura de Fra Angelico, entre una pintura corporal de los aborígenes australianos y una muñeca hopi. La historia del arte clásica, a raíz de su historicidad, es decir, de la idea de la transmisión, no permite este tipo de relaciones, excepto en términos de influencias y difusión, las cuales existen pero explican pocos casos. Me parece que supone, como acto previo, usar el simbolismo como forma de explicación, una explicación limitada porque siempre refiere a una configuración simbólica local y no permite entonces las comparaciones. La primacía de lo iconográfico sobre el discurso de contextualización y exegesis permite poner en evidencia, por ejemplo, que las imágenes rinden visibles los principios del naturalismo a partir por lo menos del siglo XV, es decir mucho antes de que sea tematizado por los sistemas discursivos de la época clásica del siglo XVII.

En este sentido va también el argumento que propongo en el prefacio del libro de Eduardo Kohn (2013). El libro es muy interesante por esto mismo: finalmente se trata de dar un paso al costado en relación con el simbolismo, incluso en la antropología cultural. Si queremos integrar seriamente a los no-humanos en nuestro mundo, y en los estudios antropológicos, no podemos relegarlos a ser seres a-semióticos. Hay que concebir, pues, los diferentes modos en que nos relacionamos con ellos de otra forma que a través de un intercambio de símbolos. Y creo que las imágenes, o los signos icónicos, tienen un rol fundamental en este asunto.

Emmanuel Alloa y Mariana Larison — Magnífico, una antropología que se vuelve completamente sensible.

Philippe Descola — Eso es.

Emmanuel Alloa y Mariana Larison — Philippe Descola, muchas gracias.

Bibliografía referida

BOURDIEU, Pierre. 1972. *Esquisse d'une théorie de la pratique.* París: Libraire Droz.

CHARBONNIER, Pierre. 2015. *La fin d'un grand partage. Nature et société de Durkheim à Descola.* París: CNRS éditions.

CRUTZEN, Paul y STOERMER, Eugene. 2000. "The 'Anthropocene'". *Global Change Newsletter* 41: 17-18.

DESCOLA, Philippe.

1986. *La nature domestique. Symbolisme et praxis dans l'écologie des Achuar.* París: Maison des sciences de l'homme.

1992. "Societies of Nature and the Nature of Society", en Adam Kuper (ed.) *Conceptualizing Society*. Londres: Routledge.

1996. *La Selva Culta. Simbolismo y Praxis en la ecología de los Achuar.* Quito: Abya Yala.

2001. *Anthropologie de la nature. Résumé des cours et travaux.* París: Anuario del Collège de France 2000-2001.

2005. *Par-delà nature et culture.* París: Gallimard.

2012. *Más allá de naturaleza y cultura.* Buenos Aires: Amorrortu.

2014. *La composition des mondes. Entretiens avec Pierre Charbonnier.* París: Flammarion.

2016. *La composición de los mundos.* Buenos Aires: Capital Intelectual.

DESCOLA, Philippe y PÁLSSON, Gísli. 2001. *Naturaleza y Sociedad. Perspectivas antropológicas.* México: Siglo XXI.

DUMONT, Louis. 1966. *Homo hierarchicus. Essai sur le système des castes.* París: Gallimard.

DURKHEIM, Emile. 1912. *Les Formes élémentaires de la vie religieuse: le système totémique en Australie.* París: Presses Universitaires de France.

FOUCAULT, Michel.

1966. *Les mots et les choses. Une archéologie des sciences humaines.* París: Gallimard.

1968. *Las palabras y las cosas. Una arqueología de las ciencias humanas.* Buenos Aires: Siglo XXI.

GEERTZ, Clifford. 1963. *Agricultural involution: the process of ecological change in Indonesia.* Berkeley y Los Angeles: University of California Press.

GRANET, Marcel.

1934. *La pensée chinoise.* París: Editions Albin Michel.

2013. *El pensamiento chino.* Madrid: Trotta.

HARTOG, François. 2003. *Régimes d'historicité: présentisme et expériences du temps.* París: Seuil.

HARRIS, Marvin. 1976. "Lévi-Strauss et la palourde. Réponse

à la Conférence Gildersleeve de 1972". *L'Homme* 16 (2-3): 5-22.

HEGEL, George W. F. 2004 [1918-1935]. *Lecciones sobre la Filosofía de la Historia.* Madrid: Alianza Editorial.

HUTCHINS, Edwin. 1995. *Cognition in the wild.* Cambridge: MIT University Press.

INGOLD, Tim. 1992. « Editorial ». *Man* 27: 693-696.

KARSENTI, Bruno. 2013. *D'une philosophie à l'autre.* París: Gallimard.

KOHL, Karl-Heinz, 2000. *Ethnologie - Die Wissenschaft vom kulturell Fremden. Eine Einführung.* Munich: Beck.

KOHN, Eduardo. 2013. *How Forests Think: Toward an Anthropology Beyond the Human.* Berkeley: University of California Press.

LÉVI-STRAUSS, Claude.

1949. *Les structures élémentaires de la parenté.* París: Presses Universitaires de France.

1962. *El Pensamiento Salvaje.* México: Fondo de Cultura Económica.

1964, 1967, 1968, 1971. *Les Mythologiques I-IV.* París: Plon.

1972. *Estructuralismo y Ecología.* Barcelona: Anagrama.

1976. "Structuralisme et empirisme". *L'Homme* 16 (2-3): 23-38.

1988. *Tristes Trópicos.* Barcelona: Paidós.

2016. *De Montaigne à Montaigne.* París: Éditions EHESS.

MARX, Karl.

1975 [1867]. *El capital. Crítica de la Economía Política.* Madrid: Siglo XXI.

1998 [1857-1858]. *Grundrisse. Elementos fundamentales para la crítica de la economía política.* Madrid: Siglo XXI.

Mauss Marcel y Fauconnet Paul. 1901. « La sociologie, objet et méthode », Article « Sociologie » extrait de la *Grande Encyclopédie*, vol. 30, Société anonyme de la Grande Encyclopédie, París.

Meggers, Betty Jane. 1954. "Environmental Limitations on the Development of Culture". *American Anthropologist* 56 (4): 80-141.

Merleau-Ponty, Maurice. 1957. *Fenomenología de la Percepción*. México: Fondo de Cultura Económica.

2008 [1958]. «Rapport de Maurice Merleau-Ponty pour la création d'une chaire d'Anthropologie sociale», en *La Lettre du Collège de France*, hors série, Claude Lévi-Strauss, centième anniversaire, 2: 49-53, Collège de France, París.

Roger, Alain. 1997. *Court Traité du paysage*. Mayenne: Gallimard.

Steward, Julian. (Ed.). 1946-1950. *Handbook of South American Indians, Volumes 1-6.* Washington: Smithsonian Institute.

Tempels, Placide. 1945. *La Philosophie bantoue*. Élisabethville: Lovania.

Tilley, Christopher. 1994. *A Phenomenology of Landscape: Place, Paths and Monuments (Explorations in Anthropology)*. Oxford: Berg.

Todorov, Tzvetan. 1982. *La Conquête de l'Amerique. La question de l'autre*. París: Éditions du Seuil.

Viveiros de Castro, Eduardo. 2010. *Metafísicas caníbales. Líneas de antropología postestructural.* Buenos Aires: Katz.

White, Leslie. 1949. *The Science of Culture: A study of man and civilization.* Nueva York: Grove Press.

Biografías

Emmanuel Alloa es doctor en Filosofía por la Universidad de Berlín en co-tutela con la Universidad de *Paris1-Phantéon Sorbonne*. Es Investigador Principal en Filosofía en la Escuela de Humanidades y Ciencias Sociales de la Universidad de St. Gallen. Fue Investigador invitado en diversos países, entre ellos, Brasil, México, Francia y Austria. Sus investigaciones y áreas de interés son, entre otras, estética, teoría de la imagen, fenomenología, filosofía francesa contemporánea y epistemologías de la visión. Entre sus publicaciones se destacan los libros *La résistance du sensible. Merleau-Ponty critique de la transparence* (París, Kimé 2008, Séries «Philosophie en cours») y *Das durchscheinende Bild. Konturen einer medialen Phänomenologie* (Berlin/Zurich: diaphanes, 2011). Asimismo, realizó la edición de varios libros en diversos idiomas, entre otros la serie *Penser l'image I-III* (Dijon, Presses du réel, 2010-2017).

Philippe Descola es un etnólogo y antropólogo francés, dirige la cátedra creada por Claude Lévi-Strauss en el *Collège de France* que hoy se llama "Antropología de la naturaleza". Fue director del *Laboratoire d'anthropologie sociale* del *Collège de France*, profesor de la *École des hautes études en sciences sociales* de París y profesor invitado a múltiples universidades del mundo. Su trayectoria intelectual y la importancia de su obra le han valido un sin número de reconocimientos institucionales. En 1996 recibió la Medalla de Plata del CNRS y en 2012 la Medalla de Oro. Es *Commandeur* en la *Ordre de la Légion d'Honneur* (2016), *Officier* en la *Ordre national du Mérite* (2004) y *Chevalier* en la *Ordre des Palmes académiques* (1997). Son, sin embargo, su experiencia etnográfica en un grupo indígena de la Amazonía ecuatoriana, los *achuar*, su proyección teórica y su elocuente erudición las que lo convirtieron en una de las figuras emblemáticas de la antropología contemporánea. Es autor de varios libros entre los que se destacan *La selva culta* (1986) —fruto de su investigación etnográfica acerca de los modos en que los *achuar* se vinculan con el entorno—; *Las lanzas del crepúsculo* (1993) que constituye una etnografía reflexiva que muestra el funcionamiento cotidiano de una investigación de campo y *Más allá de naturaleza y cultura* (2005) —obra magistral sobre las relaciones entre humanos y no-humanos—. En 2010 publicó el catálogo de la exposición *La fábrica de las imágenes* que fue fruto de su ambición de verificar si, en las formas de figuración, podían encontrarse los contrastes presentes en los diversos modos de identificación u ontologías analizados en *Más allá de naturaleza y cultura*. En 2014 publicó *La composición de los mundos* —entrevista en la que se recorre la progresión de su pensamiento y su trayectoria desde la juventud hasta las vinculaciones de su proyecto antropológico con problemas del mundo contemporáneo—.

Marcelo González Gálvez es doctor en Antropología Social por la *University of Edinburgh* y Profesor Asistente del Programa de Antropología de la Pontificia Universidad Católica de Chile. Se desempeña, además, como Investigador Asociado del Centro de Investigación para la Gestión Integrada del Riesgo de Desastres (cigiden) y como Investigador Adjunto del Centro de Estudios Interculturales e Indígenas (ciir). Entre sus áreas de interés se encuentra la relación persona-sociedad, la comprensión de la alteridad, la distinción epistemología-ontología a partir de diversas formas de conocimiento locales, y las relaciones interculturales. Actualmente realiza una investigación sobre distintas dinámicas de encuentro en torno a nociones ligadas al "conocimiento" del fuego y de los incendios forestales. Es autor de *Los mapuche y sus otros. Persona, alteridad y sociedad en el sur de Chile* (Editorial Universitaria, Santiago, 2016).

José Andrés Isla es Profesor del Departamento de Antropología de la Universidad de Chile. Realizó sus estudios doctorales en la *Ecole des hautes études en sciences sociales* (París, Francia) y en la comarca de Alto Bío Bío (Chile). Entre sus áreas de interés se encuentran diversas temáticas de etnografía mapuche, así como los abordajes etnográficos de la distinción lugar-paisaje y las discusiones metodológicas asociadas a la teoría etnográfica. Sus últimos trabajos aluden a discusiones contemporáneas de etnología mapuche (*Chungará* 2016) y a las tensiones metodológicas de la etnografía de la escuela (cap. en *Lo Cotidiano en la Escuela* 2018).

Mariana Larison es doctora en Filosofía por la Universidad de *Paris1- Sorbonne Panthéon*, y posdoctora por la Universidad de São Paulo. Es docente en la Universidad de Buenos Aires y en la Universidad Nacional de General Sarmiento, e Investigadora Adjunta en el Consejo Nacional de Investigaciones Científicas y Tecnológicas (CONICET). Sus trabajos e intereses de investigación versan sobre fenomenología de la institución, historia de la fenomenología (con particular interés en la filosofía de Merleau-Ponty) y de la ontología y filosofía francesa contemporánea. Actualmente dirige el Grupo de Investigaciones en Fenomenología de la Institución (GIFI) radicado en la Academia Nacional de Ciencias de Buenos Aires. Además de artículos en revistas internacionales, publicó el libro *L'être en forme. Dialectique et phénoménologie dans la dernière philosophie de Merleau-Ponty* (Mimesis, 2016); entre sus traducciones pueden destacarse los seminarios *La institución. La pasividad. Resúmenes de curso en el Collège de France 1954- 1955*, vol. I y II (Anthropos-UMSNH, 2012/2017), de M. Merleau-Ponty.

Juan Carlos Skewes es Profesor y Director del Departamento de Antropología de la Universidad Jesuita Alberto Hurtado de Santiago, Chile. Su área de estudio es el de la antropología de la naturaleza y actualmente dirige el proyecto Fondecyt: "Antropología del Bosque". Participa de las redes de cooperación "Das Territorialidades Tradicionais Às Territorializações Da Agroecologia: Saberes, Práticas E Políticas De Natureza" de la Universidade Estadual De Ponta Grossa (PPGG) y en el Núcleo Transdisciplinario en Estrategias Socio-Ecológicas para la Sostenibilidad de los Bosques Australes de la Universidad Austral de Chile. Sus últimas publicaciones incluyen: "Traer el bosque a sus domicilios. Transformaciones de los modos de significar el espacio habitado" (con F. Trujillo y D. Guerra), Revista *INVI* (2017) y "Residencias en la cordillera. La lógica del habitar en los territorios mapuche del bosque templado lluvioso en Chile", *Antípoda* (2016).

Florencia Tola es doctora en Antropología social y Etnografía por la *Ecole des hautes études en sciences sociales* de París en co-tutela con la Universidad de Buenos Aires y se desempeña como profesora en dicha Universidad. Desde el 2005 es Investigadora del Consejo Nacional de Investigaciones Científicas y Tecnológicas (CONICET) y es también Investigadora asociada del equipo *Enseignement et recherche en ethnologie amérindienne* (EREA) del *Conseil national de la recherche scientifique* (CNRS). Desde 1998 realiza trabajo de investigación etnográfica entre los indígenas toba (*qom*) del Chaco argentino sobre temas relacionados con la cosmología, la cosmopolítica, la ontología, las nociones de persona y cuerpo, las emociones, el parentesco y el territorio. Entre los libros publicados se destacan: *Conceptions du corps et de la personne dans un contexte amérindien* (L'Harmattan, 2009), *Yo no estoy solo en mi cuerpo. Cuerpos-personas múltiples entre los qom (tobas) del Gran Chaco* (Biblos, 2010), *Reflexiones dislocadas. Pensamientos políticos y filosóficos qom* (con Timoteo Francia, Rumbo Sur/FFyL, 2011), *Gran Chaco. Ontologías, poder y afectividad* (con C. Medrano y L. Cardin, Rumbo Sur/ IWGIA, 2013), *Filosofía qom. Teoría toba sobre la alteridad* (con Timoteo Francia, Las cuarenta, 2018).